时尚大唐

唐朝人是怎样过日子的

王一凡◎著

江苏凤凰文艺出版社
JIANGSU PHOENIX LITERATURE AND ART PUBLISHING, LTD

图书在版编目（CIP）数据

时尚大唐 / 王一凡著 . — 南京：江苏凤凰文艺出
版社，2020.1
ISBN 978-7-5594-4250-5

Ⅰ . ①时… Ⅱ . ①王… Ⅲ . ①生活方式 – 中国 – 唐代
Ⅳ . ① D691.93

中国版本图书馆 CIP 数据核字 (2019) 第 265410 号

时尚大唐

王一凡 著

责任编辑	王昕宁
特约编辑	慕　虎
装帧设计	马顾本
责任印制	刘　巍
出版发行	江苏凤凰文艺出版社
	南京市中央路 165 号，邮编：210009
网　　址	http://www.jswenyi.com
印　　刷	天津市豪迈印务有限公司
开　　本	700 × 970 毫米 1/16
印　　张	16.75
字　　数	180 千字
版　　次	2020 年 1 月第 1 版　2020 年 1 月第 1 次印刷
书　　号	ISBN 978 - 7 - 5594 - 4250 - 5
定　　价	45.00 元

前言

有时候觉得做个西安人还挺自豪的，这大概是因为西安曾经有个特别响亮的名字，叫“长安”吧。所以西安人只要一听到有人提到了“长安”这两个字，就等不及人家把话说完，恨不能马上告诉他说：“长安，长安，那是我老家。”

长安是我的老家，很老很老的老家。有多老呢？老到好多好多年以前。长安那会儿特争气，全世界人民的眼睛都朝它这儿看，是真正的国际化大都市，莫说现在的北上广，就是伦敦、巴黎、纽约这些城市，跟当年的长安城也都没法比。所以西安人就比较牛，一说起来长安，总感觉底气特别足。

那么长安都有些什么呢？西安人会掰着指头给你数，城墙、钟楼、大雁塔，秦始皇陵里的土娃娃。他们说在西安随便哪个旮旯拐角拾块砖，搞不好都是个文物。

文物是什么呢？

有一天我在古玩市场里见到一只仿唐香囊，银质的，做工十分精致，很能以假乱真。我拿在手里把玩着，对同伴说：“这在唐代叫香囊。”

老板跟我急，他说这怎么能是香囊呢？这明明就是个香炉嘛。一边说着，还一边打开来指着里面的内核说：“你看，这不是放香的地方吗？”

可这真的就是唐代女子挂在裙摆或者帐子上的香囊啊，那个内核原本就是放香料用的。这玩意儿挂在大姑娘小媳妇的裙摆上，一走一晃，香味就能飘出来，跟今天香水一样样的。

但老板坚持认为香囊是用丝织物做成的，就连周围人也跟着帮腔。没有办法，我手上没带任何资料可以证明这东西在唐朝的确叫“香囊”。我问同伴这是不是就叫“秀才遇见兵”。同伴不是西安本地人，但他说：“是时候给西安人民普及一下大长安文化了。”

同伴说的“大长安文化”，在某种意义上是可以代表大唐文化的。西安人自豪，自豪的也是唐朝在这块地盘上创下的那令全世界人民都瞪大了眼睛想要一睹其风采的盛世繁华。这些人来了，跑到西安想看唐朝的大美女，想听李太白月亮底下念的“花间一壶酒，独酌无相亲”，想知道那个神秘而又开放的王朝究竟是个什么样。最后他们发现，西安人讲的最多的，竟然只有大雁塔和大雁塔里的唐三藏，他们也说钟楼和城墙，但那是属于明朝的。

其实这也怪不得西安人，唐朝的长安再繁华，再令世界瞩目，那也是一千多年前的事情，除了大雁塔实实在在地立在他们眼前还没有坍塌以外，长安的故事，早就变成一阵风了。有搞学问的人把这些故事写在了书里，但那书多半都藏进了学校的图书馆，于是变成了高深莫测的学问，只有那些专家和教授才能搞得懂。

所以我写了这本书，我想把那些深藏在学院派教科书里的故事倒腾出来给我的长安乡党们听，也想给那些在长安这片土地上寻找大唐故事的朋友们听。总有一天会有人读到这些故事的，到那个时候，他会心满意足地说：“原来，唐朝人就是这么过日子的。”

目　录 · CONTENTS

第五部分 宗教篇

第六部分 文化教育篇

第七部分 医疗卫生篇

第八部分 出行购物篇

饮食篇

第一部分

第一章

人是铁，饭是钢

第一次看老杜诗里说“紫驼之峰出翠釜，水精之盘行素鳞”的时候，心里就老是在琢磨这唐朝人吃的都是什么玩意儿呢？听起来实在是高大上得不行。再看那“黄门飞鞚不动尘，御厨络绎送八珍”的场面，真是恨不能马上穿越回去，能不能饱口福的先不说，过一过眼福也成啊。

可是后来我觉得不行，真要回去，恐怕还是要面临许多问题的。比方说，唐朝的时候还没有辣椒，辣椒是明末清初才传到中国的，假如真的回到了大唐，对于我这无辣不成饭的陕西人来说，那简直可就要活不成了；还有最重要的一点，据说唐朝人爱吃羊肉，而我可是绝对受不了那一股子腥膻气的。哦，大唐啊，那你到底还有什么样的美食可以诱惑我穿越呢？

同样都是肉，待遇咋不一样

在讲唐朝人的美食以前，我们先来讲个小故事吧。

这故事发生在五代时期，也就是紧接着唐以后的那个短小的时代。主人公是一位叫作李载仁的官员。这个姓李的官员是与唐朝有些瓜葛的，都姓李嘛，正经八百李唐王朝的后裔。

有一天，李载仁下班回到家，刚进门就看见有两个下人在打架。大概也是这位李官员在衙门里受了些上司的气，心里正不爽，一看这两个不长眼的下人居然还打架，立即怒从心头起——罚，重重地罚。

可是李官员这体罚下人的方式实在是有一些特殊，你看他怒气冲冲地派人从厨房拿来了一盆子猪肉——真的是猪肉，丢在那两个打架的人面前说："罚你二人现在就给我把这些猪肉吃下去。"

故事讲到这里你一定觉得很好笑，这样的惩罚方式要不要一天多来几回呢？这位姓李的官员该不会是脑子坏掉了吧，这哪里是惩罚，这简直就是以吃猪肉的方式来鼓励下人打架呀。

你还真别笑，大概在这位李姓官员的心里，还真是觉得再没有任何惩罚的方式，是比让下人吃猪肉更解恨的啦。为什么这样说呢？不要着急，听我慢慢给你说。

刚才我们说过，这位李姓官员是大唐李氏王朝的后裔，在他的祖宗的祖宗那会儿，猪肉是极不受欢迎的。唐朝人以为吃了猪肉会"闭血脉，弱筋骨，壮风气"，吃多了容易得一种风病。所以唐朝人都不爱吃猪肉。这位李载仁拿猪肉给两个打架的下人，至少在当时，实在是一种不怎么厚道的心肠。

但还有一种说法，其实可比得风病恶心得多了，我真不想说，我怕影响你们以后对猪肉的胃口。可是如果不说，又觉得愧对了一位"知无不言，言无不尽"的写书人的良心。

事实其实是这样的。唐朝的时候，猪都是养在厕所里的。这还真不是瞎说，好多年以前，我跟父母回农村老家，就见到过这样的情形——厕所里养着两头大黑猪。想要上厕所，后面几只大眼睛就那么一眨不眨地盯着看，吓得我裤子没有提好就跑出来了。这种养猪的方式，大概就是一直从古代延续下来的，至少在唐代的农村，还是这么养猪的。所以唐朝人会觉得，猪是吃那个东西长肥的肉，吃猪肉岂不是就跟吃那个东西一样吗？所以，他们都不大愿意吃猪肉。这下知道李姓官员惩罚下人为什么一定要给他们吃猪肉了吧？

除了猪肉，唐朝人也不怎么吃牛肉，但原因可大不一样。

农耕时代，牛是非常重要的劳动伙伴，即使是现在的农村，很多农民依旧把牛当作朋友甚至家人似的看待。所以在唐朝那会儿，人们就编了很多有关吃牛肉而遭到报应的故事。比如有个叫王云略的人，有一天要杀一头牛，牛不乐意，就拼命地反抗。王云略情急之下，就拿刀子刺向了牛的眼睛，结果第二天他自己的眼睛就开始喷血了。

这样的故事还有很多。

比如说有一个人因为爱吃牛头，结果遭到了报应，两只脚都烂掉了；又说有一对夫妻因为爱吃牛肉，后来就给活活胀死了；还有个人，一吃牛肉身上就长疮。这些故事是真是假咱们先不用去讨论，就说唐朝的人能编出这样的故事来，得有多么想要保护他们的牛朋友呀。所以如果真是穿越回了唐朝，你要是说你想吃一块烤牛排，那你最好悄悄的，万一被人发现了，搞不好就得被大唐百姓群起而攻之，至少也得咒你一个头上长疮或者脚下流脓的报应来。

猪肉不敢吃，牛肉不让吃，那么大唐人民难道就不沾荤腥了吗？

大唐西市全景模型

当然不是。前面我就说了，大唐人民都爱吃羊肉。

唐朝是一个多民族融合的大时代，就连皇帝家都带着鲜卑族的血统，所以他们从来不排斥外来民族。在今天西安的大唐西市、回坊上还可以清楚地看到当年外来民族留给这座城市的印迹。

这些外来民族在当时有一个统一的称呼，叫“胡族”。胡族进入长安以后，热情好客而又极具学习能力的长安人民立即接纳了他们以及他们的风俗文化，一时间满长安尽刮“哈胡风”：胡人的打扮，胡人的舞蹈，胡人的喜好，当然也就包括了胡人爱吃羊肉的习惯。

在《唐六典》里面有一条关于当时朝廷每个月向一位亲王供给食材的记载，别的先不说，就看肉的供给，说每个月“给羊二十口，猪肉六十斤，鱼二十头……”这是一条非常重要的信息，它能让我们了解到在一家亲王府的厨房里，羊肉显然占了好大的地盘，而猪肉只有六十斤，半扇猪的体积都不到。这足以说明，羊肉在唐朝人厨房里的至高地位。

唐朝人吃羊肉不拘一格，吃得花样百出，名字取得也很有感染力，如“红羊枝仗”，其实就是烤全羊；还有“逡巡酱”，“逡巡”是迟疑徘徊的意思，而这个逡巡酱呢，就是在锅里来回搅拌出来的一种酱，这酱是羊肉沫加上鱼肉沫拌成的。一鱼一羊，这道酱是不是听起来都很新“鲜”呢?

好了，我们现在提到了鱼肉。

鱼是南方人的最爱，地道的长安人并不怎么爱吃鱼。虽然如此，他们如果真吃起鱼来，那可是很有些讲究的，最时髦的吃法就是“刺身”。

什么？唐朝人就会吃刺身了吗?

你没有听错，你以为吃生鱼片是日本人的专利吗？错。早在一千多年以前，会吃的大唐人就已经尝过了生鱼片的美味。不过那个时候不叫“刺身”。“刺身”是日本人的叫法，大唐人叫“切鲙”。他们不仅会把鱼肉切成透明的薄片，有的时候也会切成细细的丝儿，淋上丁油，拌上葱丝芥末，还有颜色鲜艳的青红丝。日本人那个时候视大唐为大哥，什么都跟着大唐学，盖房子学，穿衣服学，连吃生鱼片的本事也学去了，学到后来，就好像成了他们的专利似的，最后连我们自己也忘记了，其实这道美食本是我们大汉民族的原创。

好了，聊了这么长时间的肉，我也有些饿了。该是吃午饭的时间了，我已经闻到厨房里红烧鸡翅的香味啦。说到鸡，我再多说几句，我们总说“鸡鸭鱼肉”，那唐朝人吃不吃鸡肉呢？

不光是鸡，唐朝人也会吃鸭和鹅，不过很奇怪，在唐朝人眼里，它们可算不上肉类。“肉食”在唐朝人的概念里，仅仅指的是猪、牛、羊之类，对于鸡、鸭、鹅这些长了翅膀的，在那个时候，还没有被划入“肉类食品”的行列里来。

在大唐，开家面点铺子吧

吃过了午饭，虽然胃里胀得满满，但还是想继续和大家聊聊大唐的美食。没有办法，嘴馋挡不住，刚吃过了红烧的鸡翅，心里就开始惦记着餐后的点心了。

说起点心，话题就不得不再回到大唐，因为“点心”这个词，实实在在，可真是大唐人民发明的。

唐朝人的日子过得讲究，家里来了客人，总是要在正餐以前先准备些饼饵果品来招待客人，他们把这叫“茶食”，其实也就是我们现在所说的“点心”。不过那个时候，“点心”这两个字的意思和现在不一样，唐朝的“点心”是个动词，指的是正餐以前，先垫垫肚子充个饥的意思。而可以用作“点心”的东西那可就五花八门了，蒸的、烤的、炸的、煮的，都可以用来“点心”一下的。

看电视剧的人都知道，那个集美貌、智慧和皇权于一身的武则天特别爱吃百花糕。百花糕就是当时唐朝宫廷里特别受欢迎的一道点心，它不仅闻起来有花的香气，而且样子也做得精致好看，吃到嘴里更是松软绵香回味无穷。可惜这百花糕在当时是宫廷点心，纵然我真的穿越回去，也不知道能不能尝得到。

好在高手常常在民间。

以大唐人民的聪明智慧加上精湛的做糕手艺，啥样的点心做不出来呢？宫里有的，民间依然做得到。有一种“水晶龙凤糕”，光这名儿就已经够规格上档次了吧。这是一种用糯米做成的糕，据说蒸出来以后，又白又亮，好像水晶一样。糕面上有枣子做成的龙凤图案，又喜气又好看；还有一种“七返糕”，名字听起来似乎平淡无奇，但这种糕做起来却相当费功夫，得先将面压得又薄又平，然后抹上油，再反复翻转折叠，最后出来的样子，就好像一朵花似的。

说了半天，我们都在说唐朝点心“蒸”的功夫，不过以我的经验，似乎烤出来的点心更好吃，难道大唐人民不知道这个道理吗？那可就太小瞧大唐人民了，他们早就会使用一种叫作公厅炉的烤炉，用来制作“烤”出来的点心。

“公厅炉”是一只巨大的炉子，一般公家的大食堂里都有，是专门用来烤制食品的。和现在做烘焙一样，唐代的烘烤工艺也是有模具的，比如最有名的“曼陀样夹饼”，就是用一只椭圆形的模子做出来的，样子很像曼陀罗的果实，中间有馅。想象那味道，会不会和今天的铜罗烧差不多呢?

“玉露团”这个名字听起来好像遇火就会化的样子，但其实也是一种烤出来的点心。而值得一提的是，这种点心里，已经用到了“糖”。

唐朝已经有了糖。

唐以前中国人也吃甜食，不过一般用的都是自然糖和饴糖。什么是自然糖呢?其实就是蜂蜜，而饴糖则是用高梁做的糖。

我现在说的“糖”，是“蔗糖”，这种制糖工艺是唐朝人从印度学来的。不过蔗糖在那会儿绝对还是个奢侈品，并不能像现在这样随便走到哪儿都能买得到，就是富人家里也是不敢敞开了用的。所以，这道“玉露团”自然也就身价不菲，因为它的主料里面用到了糖呀。

本来是在说点心，说着说着就想起奶奶了。我小时候，我奶奶最会做的西安本地的点心是馓子。面里裹了芝麻和糖，做成像菊花似的形状，放油锅里一炸，金黄金黄的，又酥又脆。现在好多西安人逢年过节还做这个，不过可能很少有人知道，唐朝的长安城里，早就有人会做这道点心了。

唐朝人除了蒸和烤，炸的技术也不错。就拿这个馓子来说吧，他们就做得很有品味了。用酥油、蜜水和面揉和在一起，再把面拉成细细的长条，涂上黑芝麻，然后拧成辫子下油锅一炸，唐朝的馓子就成了。

还有一种油炸的点心叫“见风消”，做法是把糯米捣成粉，跟蜜汁、酒酿、糖和在一起，压成薄薄的皮，烤过以后晾起来风干，吃的时候用油轻轻炸一下就出锅——不过到底是个啥味道呢？谁也没有尝到过，毕竟现在的超市里，再也买不来“见风消”了。

话说回来，这油炸食品多少还是有些不健康的，多吃不宜，要不要来道水煮的点心尝尝呢？点心还有煮着吃的吗？怎么没有，有一道“汉宫棋”，就是煮着吃的面点呀。

说起这道汉宫棋的水煮点心，其实还挺有些来头的。据说一代女皇武则天是个象棋高手，所以那个时候宫廷里大兴象棋之风。这道“汉宫棋”大约就是受此影响，把面点做成象棋那圆敦厚实的样子，里面裹上馅，有三鲜的、虾肉的、鸡丝的各种口味，面上印了花，就成了一道很是迎合宫廷之风的点心了。

其实说起这唐朝人“点心”的面食小吃，还有很多很多，我要是坐在这儿不挪窝地说，说他个一天一夜怕是也说不完。怎么办呢？曹操当年望梅可以止渴，那我也只能靠说说这几样小吃解解馋吧。如果有人说，单凭这蒸、烤、炸、煮好像还是不够味道，想来道小炒，那你可就有点难为我了。在唐朝那会儿，“炒”还是个极为少见的烹调技术，你要让我给你找出来，那恐怕至少要跑到宋朝以后，才能见得到啦。

唐朝人都吃什么饭

瞧，我这东拉西扯地说了这么多，突然才发现我竟然到现在还没有说到正题上，毕竟大唐人民也不是整天光靠点心过日子的，他们总是要吃饭的呀。唉，我这人就是不太好好吃饭，总是指望吃零食过日子，所以你看，差点儿就把大唐人民的主食给忘记了。

走，去看看他们的正餐，平时都吃点啥。

唐朝人不像咱们现在这样，一天要吃三顿饭，为了身材还要搞出一套“早餐要吃好，午餐要吃饱，晚餐要吃少”的规矩来。唐朝人没有这么麻烦，他们通常只吃两顿饭：太阳出来以后，大约早上九点钟左右的样子用“朝食”，这是一天中的第一顿饭；太阳走到西南角的时候用“晡食”，为一天当中的第二顿饭，之后就可以上床睡觉啦。其实很多年以前我和奶奶生活在西安乡下的时候，当地人一直都是这样一天两顿饭的用餐习惯，大约就是从古时候延续下来的，听说到现在还没有改变。

现在的西安人主食多以面食为主，其实唐朝人那会儿也吃面，不过，这些面食在当时叫“汤饼”。说到这儿，突然想起了一段有关汤饼的爱情故事，说的是李隆基和他的原配王皇后。

那时候李隆基还只是临淄王，王皇后也还只是养在娘家的王姑娘。有一天，李隆基去这位将来要做他老婆的王姑娘家里串门子，俩人聊着聊着就聊到了今天竟然是李隆基的生日。姑娘心里一动，很想为心上人做顿生日宴，可惜姑娘命不好，她爹是个老赌徒，把家里的钱全都赌光了。没有办法，姑娘就脱下身上正穿的一件衣裳拿去当了，换了钱给李隆基做了一顿汤饼来庆生。

唐代人过生日都爱吃汤饼，我们现代人过生日爱吃长寿面的习俗，估计就是打这儿一直延续下来的。

除了汤饼，唐朝还有一种特受老百姓喜欢的“饼”，叫“蒸饼”。

蒸饼在大唐很普遍，和今天的馒头差不多，也是一种发酵面点，但有的时候带馅儿，又好像今天的包子。不过无论如何，我估计蒸饼的味道都应该在今天的馒头和包子之上，不然，也不至于有人会因为受不住蒸饼的诱惑而断了自己的仕途。

这话说的是武则天时期一个叫张衡的人。

张衡一路辛苦，好不容易从一个公务员，眼看就要爬到部级干部了。有一天早上，他在家里穿好朝服，骑着高头大马出门上朝去。路上经过一家蒸饼铺子，要么是这个张衡不知道饿了多少天了，要么就是这蒸饼的味道实在太香了，惹得张衡死活挪不动步子，买了个蒸饼骑在马上边走边吃起来。

唐朝那会儿有一种官职叫御史。御史很厉害，有点像咱们现在的纪律监察委员会，大小官员都归他管，发现你有点小毛病，立即打报告给皇上，那个谁谁谁，几时几刻做了什么，违反了哪条哪项，被举报的人就要倒霉了。

张衡就属于这倒霉的主儿，穿着官服骑在马上，咬着蒸饼，这也太有失京官的威严了。御史立即报告了武则天，武则天一听，这么不注意个人形象，就给批了个“流外出身，不许入三品”的下场。瞧，这蒸饼是得有多香啊，要用仕途来交换。

说到这里，忽然想起个话题。新版《水浒传》里那个卖炊饼的武大郎，整天担个担子满大街地喊着“炊饼，炊饼”，可是掀开担子却是热腾腾的馒头。就有人说，这武大咋连馒头和烧饼都分不清呢。其实，到了宋朝那会儿，“蒸饼”这名字就已经被叫成“炊饼”啦，但其实还是和馒头差不多的东西。至于说，我们大家人以为的那种在炉子里面烤出来的“饼”，在唐朝那会儿也有，只不过名字叫“胡饼。”

胡饼是胡人带到长安来的，但却深受长安人民的喜爱。要想知道这胡饼长啥样，想想新疆的馕，你就知道得差不多啦。把面团成一个圆饼，外面撒上芝麻，放在炉子里烤得外酥里嫩的，就可以吃了。

胡饼也分许多档次，我上面说的这算是基础款。据说当时有一外地人来到长安，吃到胡饼以后，香得忍不住大呼：“这哪里是烧饼，这简直就是五福饼嘛！”这位老兄有口福，他吃到的胡饼是加了羊肉、葱白、豉汁和食盐的“高级胡饼”，有别于一般的胡饼，这叫肉胡饼，是有钱人常吃的东西，算是胡饼中的升级款。《唐语林》里记载过最奢侈的肉胡饼，是用一斤羊肉一层一层地塞到胡饼里去，抹上油和芝麻放进炉子里去烤，烤熟以后的胡饼就是个有层次的馅饼，所以它就又有了个名字，叫作“古楼子”，我们叫它豪华款吧。

与胡饼同样来自外域的还有一种叫作“饆饠”的食物，这两个字看起来好复杂是不是？所以现在也简单叫它“毕罗”。这是从波斯经丝绸之路传到中原的一种“洋餐”，但这毕罗究竟是个啥样子、怎么个吃法现在已经不知道了。有一点可以肯定的是，这种饭刚从胡人那儿传进来的时候，的确不怎么受长安人民的喜欢，可能是口味太重，或者配料实在是独特得有点让长安人受不了。传说有个公子在街上遇

菰米

到了一个鬼，他请鬼吃毕罗，鬼都捂着鼻子不肯吃。这虽然是个传说，但却可以知道这个毕罗的味道实在不怎么样，连鬼都不吃。

后来长安有一姓韩的人家，想改一改毕罗原先的那一股子胡味，就改用樱桃做原料，据说这樱桃毕罗做好以后，樱桃的颜色还是水灵灵的很鲜艳，味道也大受欢迎。这也算是移风易俗吧，总归是让长安人民接受了毕罗饭。

最后说的是雕胡饭。

说起这雕胡饭，我估计当年李白特爱吃，瞧，他自己都说："跪进雕胡饭，月光明素盘。令人惭漂母，三谢不能餐。"可是现在我们也就只能想一想了，因为这雕胡饭，到了明代以后就慢慢消失了，现在就是有钱你也买不到。

这是为什么呢?

这个雕胡饭是用菰米做成的。菰是一种草本植物，长在水里，结的籽就是菰米。按说，这种米我们是应该能够尝得到的，可是偏偏到了宋朝的时候，突然生出了一种叫作黑穗病菌的寄生菌来，一旦染上这种菌，菰就不结籽了，也不抽穗，但茎部却开始增肥增大形成肉质茎，并且味道还特别好吃。于是人们将错就错，就放弃了菰米，有意利用黑穗菌增大菰的肉茎，把它变成一种蔬菜来食用。猜猜它是什么？就是我最爱吃的茭白。

其实唐朝人的饭桌上还有很多主食，咱们现在吃的饺子、馄饨、煎饼，他们那会儿也都在吃。只是我实在不能一个一个地把它们介绍出来啦，因为对于一个吃货来说，聊吃实在是一件很痛苦的事。越聊越饿，我得再去吃点东西啦。我们一会儿见。

刹不住的吃喝风

好了，咱们现在再聊聊唐朝人的餐桌。

说起唐朝人的餐桌，我想先说几句题外话。咱家现在是不是只要到了饭口上，都是一家人围在一张桌子上又吃又喝又聊家常呢？不过你有没有想过，这种情形可不是从一开始就有的。看电视剧《汉武大帝》里那些人吃饭的样子，大家都是席地而坐，每个人面前一个小方儿，有专门的人分食给大家，这种进食习惯看起来好像比咱们现在这样围坐在一张桌子上的就餐习惯更卫生。

没错，分食制不是西方人发明的，咱们中国自打一开始就一直实行的是小食案的分食制。什么时候发展成一大桌子的人围在一起热热闹闹地吃大餐呢？是从唐朝那会儿开始的。

这话说起来，咱们又得提起那些从四面八方来到大唐的“外国人”，中国人民有着非常强烈的包容性与极强的学习能力，好像今天的我们跟着西方人一起过圣诞一样，对于外来文化的接受能力，咱们从唐朝那会儿就显得十分卓越。

就拿这个吃饭来说吧，像我刚才说的，古人一开始其实都是盘腿坐着吃饭的，但是后来，突然传进来了一种叫“床”的东西，这东西好，可以坐着，腿不再那么酸困了，这一下，就把中国人的饮食方式给改变了。

但这个“床”和咱们现在的“床”可不一样，现在我们说的“床”都是睡觉用的，而唐朝的“床”，大部分是用来当坐具的。其中一种叫“胡床”，是游牧民族常随身携带的一种坐具；还有一种叫

“绳床”，就有点像我们现在坐的椅子了。

绳床是西方人的坐具，高脚，带靠背，人可以坐上去，把两条腿彻底解放出来。这种新式的坐具随着印度的佛教传到中国，在唐朝时候开始流行，应运而生的是桌子，不过那个时候还叫作“板足案”。

无论是绳床还是板足案，总之它们的出现开始让大唐人民舒展起胳膊腿，兴高采烈地围坐在一起大吃大喝起来了。他们吃的内容可谓丰富多彩，娶老婆生孩子要吃，发财中举要吃，买屋置地也要吃，就连散个步踏个青，他们也要吃，总之没有什么事情是不可以作为唐朝人开席设宴大吃特吃的理由的。

瞧，柳丝刚刚发了嫩绿的芽，曲江池畔的早莺才开始唱着春曲的时候，大唐最美的季节就来到了。这美景里不仅有花，还有比花更美的大唐女人。老杜说“三月三日空气新，长安水边多丽人”，这些丽人可都是攒足了一年的精神，这个时候纷纷摊了血本地跑出来，一个个比着谁的裙子款式更新颖，谁的簪花更漂亮。她们把这叫“斗花”。斗花斗累了，找一块空地，四周插上竹竿，然后褪下裙子——你当她们要做什么？别想歪了，大唐的女人们会玩着呢。她们把裙子搭在竹竿上，撑起一个临时的帐篷，就在帐篷里摆起酒宴来了。所以这个酒宴就有了一个非常女性化的名字，叫裙幄宴。

裙幄宴是一个纯粹女人的宴席，不过在唐代，像这样的宴席并不太多，多数的宴席还是以男人为主的，女人只是宴席上的一个点缀。尤其是当有几个文人墨客添了点风雅的时候，如果再有几个长得好看的小娘子在旁边，那这酒宴就办得更有些雅趣了。刘禹锡有一首诗写的是：“洛下今修禊，群贤胜会稽。盛筵陪玉铉，通籍尽金闺。波上神仙妓，岸傍桃李蹊。水嬉如鹭振，歌响杂莺啼……”这是一场很有意思的宴会，宴会的地点不是在酒店里，而是在船上。这在当时叫船宴，是独领风骚的文人们最喜欢的一种宴会形式，有佳肴，有美女，有诗词，有水，有船，有情调。这种宴会，肚子里一般没喝过多少年墨水的人可是不敢轻易参加的。

说起文人的宴会，我就突然想到曲江池了。当年唐朝那会儿，这里文人的宴会那可是办得别开生面呀。来参加宴会的多是科考的书生，好像咱们现在刚参加完高考的高中毕业生一样，正是几家欢喜几家愁的时候。前两天我在曲江见到有一座状元楼，说是每年高考一结束，总是有不少的毕业生在这儿要么办拜师宴，要么搞同学会，生意红火得不得了。不过据我所知，无论拜师宴还是同学会，多数都是这些学生自己或者家长掏腰包。但是，你知道吗？如果要搁在唐朝那会儿，这科举考生们的宴席，可都是皇上出钱的。

唐朝皇帝出钱给科举的书生们办宴席，一开始呢，其实多少是有些慰藉的意思，因为来参加宴会的，都是些落榜的书生。皇帝的意思大概是，看你们也一路辛苦地跑来了，却没争上个功名，来，给你们办一桌，吃完喝完以后，回家继续努力。后来，这个宴席的味道突然拐了一百八十度的弯，变成了给中榜的进士们庆贺的喜宴了。每年的三月份，曲江池畔热闹非凡，新科进士盛装出席，一面接受人们的祝贺，一面踌躇满志地憧憬着未来。他们在曲江池边的杏园里饮酒作诗，畅谈理想，感觉人生自此已是巅峰。兴致来了，还豪情壮志地跑到大雁塔底下题个诗留个字啥的，纪念他这一人生最快意的时刻。

曲江宴是皇帝出钱办的，这种宴席的机会毕竟一年不会有几次，更多的宴会其实还是大唐人民自己办的，庆生、婚丧、升官、发财，总有一个由头，是可以令大唐人民欢天喜地吃一顿的，而这些宴席里，最有名的就是“烧尾宴”。

这个名字听起来是不是有点怪？难道来吃这种宴席的人都要用火烧尾巴骨？不不，可千万不要望文生义，会吓到很多对这种宴席垂涎三尺的人——比方说我，就特别向往能吃一顿烧尾宴。

相传鲤鱼跳龙门以后，天上的天火会把鲤鱼的尾巴烧掉，然后鲤鱼就变成龙了。瞧，这下知道了，这烧尾宴其实就是取了这个故事的寓意，是那些登科的士子们“鱼跃龙门”以后举办的一种喜庆的宴会，拜谢老师，相邀好友共同来庆贺的。

韦巨源是唐中宗李显时的一个官员，因为表现良好，被提升做尚书，为了答谢龙恩，这位新任的韦尚书，下了血本在家里大摆酒宴招待皇帝，这也叫作烧尾宴，因为升官了嘛。这场宴席当时到底有多少道菜现在咱们已经无法考证了，但仅被记录下来的就有五十八种，冷的，热的，干的，汤的，烧的，烤的，炸的，煮的，各位要是不怕被馋到，我就学着相声《报菜名》的样子，给各位来个贯口：

单笼金乳酥、曼陀样夹饼、巨胜奴、贵妃红、婆罗门轻高面、御黄王母饭、七返糕、金铃炙、光明虾炙、通花软牛肠、生进二十四气馄饨、生进鸭花汤饼、同心生结脯、冷蟾儿羹、金银夹花平截、火焰盏口、水晶龙凤糕、双拌方破饼……

哎呦，我的天哪，说得我气都快要接不上来了，可好像一半还没有说到呢。

烧尾宴的菜品之多，款式之惊人都是史上少有的。据说有一道菜叫雪婴儿，是用小青蛙裹了面，经油锅里轻轻一炸，捞出来就跟一个雪白粉嫩的婴儿似的；还有什么凤凰胎，是取母鸡肚子里还没有生下来的蛋，与鱼白一起生拌着吃的；遍地锦装鳖，用羊脂和鸭蛋黄做成锦缎般华丽的浇头，浇在甲鱼的身上做成的。除了这些能吃的，还有能看的，比方有一道素蒸音声部，是用面做成的七十二个吹拉弹唱的小人，要么彩袖殷勤捧玉钟，要么低眉信手续续弹，一个个活灵活现，简直就是一场别开生面的宫廷乐舞表演。

不过你要是现在问我，这烧尾宴在哪儿还能吃得到，那可真是为难我了，这样的腐败风莫说是现在，就是唐朝那会儿，也是不敢这么吃下去的，短短不过二十年，到了李隆基当皇帝的时候，就被强行禁止了。

第二章

这里不只有酒，还有故事

前面我们提到了唐朝的宴席，那接下来就一定得要提到酒，因为咱中国人不是总说“无酒不成席”嘛。

但唐朝人的酒宴可跟咱们现在不一样，如果你以为唐朝人在席上喝酒，也是拎上两瓶五粮液，再拿分酒器分了，来一个“感情深一口闷”，或者“领导干了我随意”，那你可就想得太简单了。

唐朝人喝酒特别有讲究，氛围、情调、礼节、规矩，这里面的道道深着呢，包括喝酒的酒具，那都不是随随便便拿个杯子来用的。不信，就跟我一起去瞧瞧吧。

有酒，还得有个好杯子

从哪儿说起呢？

当然得从李白说起，那可是大名鼎鼎的“酒仙”呐。他有一首诗，“襄阳小儿齐拍手，拦街争唱白铜鞮。旁人借问笑何事，笑杀山翁醉似泥。鸬鹚杓，鹦鹉杯。百年三万六千日，一日须倾三百杯。”咱先不管他这一首诗里所说的“一日须倾三百杯”到底能把人喝成个啥样子，咱还是先来说说他诗里面的“鸬鹚杓”“鹦鹉杯”究竟是个啥。

“杯”不用说，一定是喝酒的杯子。那么“杓”是什么呢？这就得先从唐朝人喝酒的习惯说起了。

唐朝人喝酒不像咱们现在，拿起酒瓶，把酒朝杯子里一倒，仰起脖子就喝下去了。唐朝人喝酒麻烦，得先把酒倒进大酒樽里。等等，啥是“樽”呢？读过中国古典诗词的人都见过这个字，“樽前拟把归期说，欲语春容先惨焉”“多情却似总无情，唯觉樽前笑不成”“人生得意须尽欢，莫使金樽空对月”……关于带“樽”的诗句那真是数不胜数。好多人以为樽就是我们现在饮酒的杯子，那可就大错特错了。虽然它们同属酒具，但樽却比酒杯大得多，而且中间可以点火用来温酒。自打商周时期人们就有这饮酒的习惯，一直延续到了唐朝，先把酒在樽里温热了，然后用“杓”挹酒喝。所以这个“杓”基本就相当于现在的勺子。

不过到了唐中叶以后，这种饮酒的方式有了改变，因为这个时候酒壶出现了，只不过那个时候的酒壶还不叫酒壶，而是叫作“注子”。有盖儿，有嘴儿，还有个手柄。这其实和现在的酒壶还是有区别的，现在我们看到的酒壶，光秃秃的，很少有带柄的。那么这个柄是什么时候被拿掉的呢？说到这个，其实还有一段小故事。

话说唐文宗时期，宫里的太监太猖狂了，根本不把文宗放眼里，不管大事小情，都还想替文宗拿个主意。文宗也是名有志青年，也想成就一番事业，想独立自主地做一回皇帝，就和一个叫郑注的大臣谋划着想把宦官们全部都杀掉。结果，消息走漏，反被宦官们占了上风。这就是历史上非常著名的“甘露事变”。事变之后，宦官们当然还不能把文宗怎么样，但郑注这样的大臣自然就成了“烈士”。宦官们杀了郑注，但依然觉得不解气，他们找了只“注子”（和郑注同名）来，去掉手柄挂在梁上，大概是把郑注上吊的意思。

有意思的是，后来这只去了手柄的“注子”反倒被人们觉得更好用了，慢慢就开始流行起来了，而且有了一个新的名字叫“偏提”。偏提使用更方便，配合着酒杯，成了一种新的饮酒习惯。

好了，我们再来说酒杯。

唐朝酒杯兼容了实用、观赏、收藏与馈赠于一体，所以价格往往贵得惊人。

在陕西省历史博物馆里，展出着一件稀世珍宝，它虽然只是一只小小的酒杯，但却可以抵得上半个香港。这是一段小故事，据说当年香港还没有回归的时候，英国女王来中国访问，瞧见了这只酒杯，喜爱得不得了，当时就说，只要能把这只酒杯送给他们英国，她愿意拿半个香港做交换。

当然香港后来是我们中国人自己要回来的，而这只稀世珍品现在还安然无恙地陈列在陕西历史博物馆里，它的名字叫作“镶金兽首玛瑙杯”。

这么个极具个性的酒杯，它的设计灵感来自于公元前 15 世纪希腊人的兽首角状杯，也叫作“来通杯”，是用来灌注神酒的。所以在西方，来通杯是被人们当作圣物一样看待的。

大唐是一个万国来朝的大时代，长安就是全世界文化交流的中

镶金兽首玛瑙杯。西安市何家村出土，陕西历史博物馆展出。

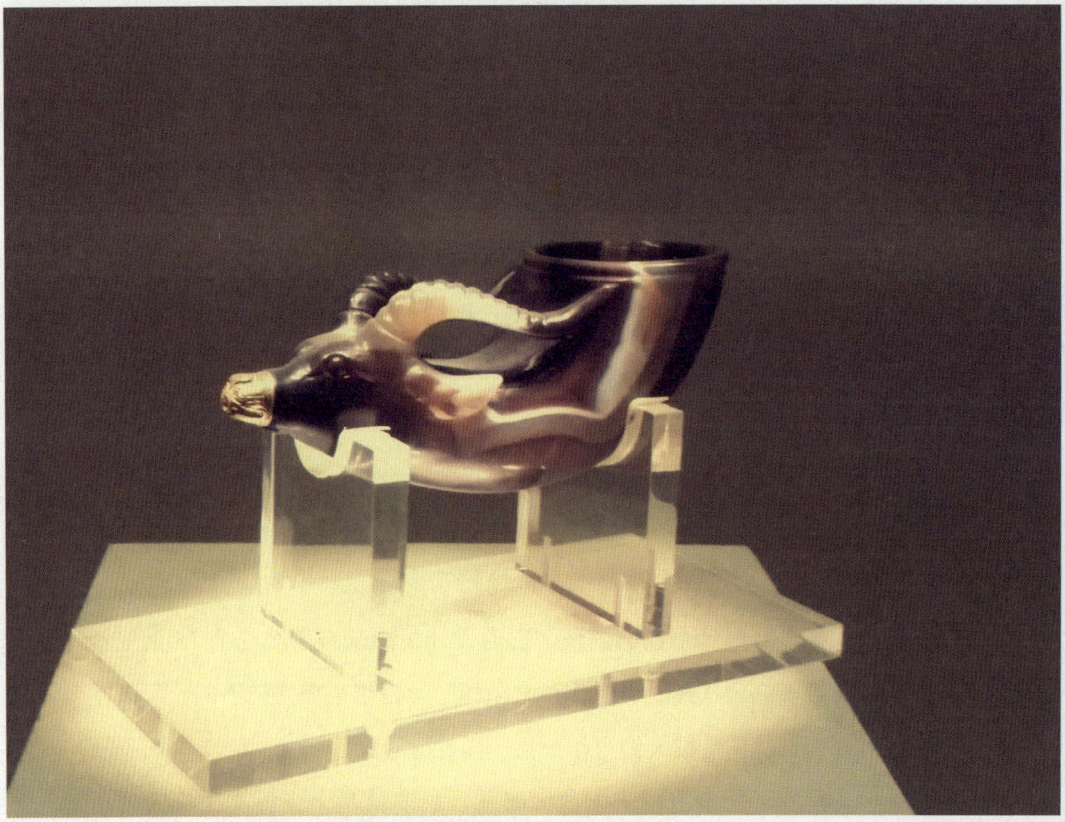

心，而大唐人民则胸怀天下，吸纳着来自四面八方的优秀文化与文明成果。这些外国文明通过丝绸之路来到长安，与长安的本土文化相结合，这件镶金兽首玛瑙杯便是大唐文化与外来文化结合下的产物。

再来看一只美到让你惊叫的杯子。它也是唐人喝酒的器具，要搁到现在，估计你只有将它高高供起来瞻仰的份儿，用来喝酒，实在是太舍不得了。

这就是水晶八曲长杯，如假包换的水晶杯。水晶有多珍贵我在这儿就不多说了，重点我要说这杯子的式样。这式样叫作“曲长杯”，最早出现和流行在萨珊王朝（也称波斯第二帝国，始自公元 224 年，651 年灭亡）。这种杯子的特点是长椭圆形的多曲瓣状，不同于我国特有的圆形的杯体。尤其这只曲长杯的制作工艺更加令人叹为观止，你看它的杯壁，薄如蝉翼，厚度只有半毫米。

最后再来看一只极尽奢靡的酒杯，它的名字叫作掐丝团花纹金杯。

黄金的出现，最早可以追溯到公元前 5000 年的古埃及时代，而中国最迟在商代也已有了黄金制品。但即使在今天，黄金也是极其稀有的贵金属，市面上一克黄金的价格大约要在三四百块钱左右。而在一千多年以前的大唐，黄金则更为稀少。即便如此，也抵挡不住上流社会对黄金器皿的追求与喜爱。那是一个太平盛世，社会的繁荣富裕也为他们提供了拥有大量黄金的可能，所以唐代的金银器制作是非常发达的，制作工艺也相当考究，花样更是丰富多彩。它们被大量用于饰品与生活用品之中，其中也包括酒具。

就好像我们现在看到的这只掐丝团花纹金杯一样，百分之百纯金

水晶八曲长杯

掐丝团花纹金杯。西安市何家村出土，陕西省历史博物馆展出。

打造，通体金光夺目，十分耀眼，而最令人惊叹的是杯体上的掐丝团花饰纹，精致细微，真是巧夺天工。

掐丝是一种金属制作工艺，制作的过程是先将金子打成极薄的金片，然后再将金片切成细丝，盘成花的形状，最后用粘合剂粘贴在杯壁上，既有东方色彩，又兼具了西方特征。所以，这只金杯也是东西文化结合之下的一件工艺品，看起来奢靡华贵又带有典型的异域情调。

不过，像这样的酒杯，肯定都是有钱人家里的藏品，普通人家是想都不敢想的。但是，有钱人有有钱人的酒杯，穷人也有穷人用的酒杯，无论有钱没钱，在唐朝，喝酒的器具都显得那么与众不同，标新立异。

瞧，我接下来要说的这位，就是一位和我一样靠写字过生活的人，一年下来赚的稿费维持个生活还紧紧张张的，哪儿还有闲钱去置办那么精致又昂贵的酒具？此人姓牟，虽然清贫，但却依然好酒（无酒难成诗吧，这是大唐文化人的习惯）。他要请朋友喝酒，但是买不起好酒杯怎么办呢？牟先生有办法。他带着朋友，划着小船，到湖中心折一叶绿荷就当了酒杯，这样喝酒的创意，竟然也成了大唐饮酒界的一件雅事。

国酒 PK 洋酒

白居易非常有名的《赠刘十九》里说：“绿蚁新醅酒，红泥小火炉。晚来天欲雪，能饮一杯无。”这是哥俩喝酒绝好的境界，天气有些寒冷，又不能去逛街，干点儿什么好呢？炉火烧得正旺，挺暖和的，不如就着这炉火来两杯？

他们喝的是什么呢？他们喝的是“绿蚁酒”。就这酒名字，疑惑了人类将近一千年。大伙都在琢磨，大唐人可真厉害，把蚂蚁泡酒里就喝了，而且还是绿色儿的蚂蚁，这样的蚂蚁怕是不好找吧？

其实不是这样。绿蚁酒不过是一种米酒，但却是绿色的，只是这种绿蚁酒的制作方法如今已经失传了，所以它究竟是个什么味道，我们现在是无法知道的。但从白居易的另一句诗“香开绿蚁酒，暖拥褐绫被”看起来，这绿蚁酒该是十分香的了。

白居易不光爱喝绿蚁酒，他还说“世间好物黄醅酒，天下闲人白侍郎”，可见在白居易的心里，这世上最好喝的酒其实要属这黄醅酒。这酒有多好喝呢？估计现在有一半的人都尝过，它其实就是我们最熟悉的黄米酒。论起味道来，浙江绍兴的怕是要排第一，其中最有名的当属花雕。

你问我什么？唐朝人喝不喝白酒？那咱是不是得先把啥是白酒给搞清楚了。

中国人说的白酒，还有个名字叫烧酒，我不知道你有没有喝过，反正我喝过，这酒一入嗓子眼就有种浓烈的刺激感，火烧火燎的，烧酒这名字估计就是这么来的。到底唐朝人喝不喝烧酒呢？李时珍的《本草纲目》里面有句话：“烧酒非古法也。自元时始创其法……”瞧，意思是咱们中国人到了元代才学会了烧酒的制作工艺。

懂点酒的人都知道，烧酒其实是蒸馏酒，它同咱们前面说的黄酒不一样，黄酒是通过粮食发酵酿成的，烧酒却是经过蒸馏技术酿成的。虽然中国一直都以古老的文明引以为傲，但我们必须承认，关于蒸馏技术，我们的确是在元代以后才开始掌握的。因此，唐朝是没有烧酒的。至于说现在有些酒商动不动宣传他们厂里的白酒历史至少有一两千年这样的话，实在是有点吹得没边儿了。

虽然大唐人民从没有尝过白酒的滋味，但葡萄酒的的确确是打唐朝那会儿就有了。

说起来，最早在汉魏时期，其实就已经有了葡萄酒，但那个时候的葡萄酒可都是地地道道的“原装正品外国货”，因为那个时候，咱们中国还不会种葡萄，更不懂得葡萄酒的酿造技术。所以说，葡萄酒在当时应该算得上是正宗的“洋酒”系列。

直到唐太宗时期，才开始有了国内加工生产的葡萄酒，这事儿记在一本《册府元龟》的书里，说是太宗当时攻打西域一个叫作高昌的小国，战利品里就有一种叫作“葡萄”的植物，他把葡萄种在了长安附近，长出果实以后，又找高昌人教长安人葡萄酒的酿酒技术，于是长安人才喝上了葡萄酒。

不过那个时候的葡萄毕竟是外来物，没有大面积种植，所以葡萄酒非常珍贵。因此，也就有了其他的水果酒来代替葡萄酒，比如用郁金香来调味的酒。

郁金香也是个外来品，是从波斯和印度传进中国的。据说郁金香的香粉既是一种治疗内毒的药物，也可当作香料来使用。在唐代，人们就用郁金香的香粉来调酒。李白有一首诗里说，“兰陵美酒郁金香，玉碗盛来琥珀光”，他在这里同时提到了唐代的两种洋酒，一种是郁金香酒，一种是琥珀酒。

琥珀酒是从波斯进来的，同时来的还有一种玛瑙酒。老杜诗中“春酒杯浓琥珀薄，冰浆碗碧玛瑙寒”中的“琥珀”和“玛瑙”说的其实都是酒。这两类“洋酒”在当时的文人中间应该是非常流行的，因为不光李杜，还有很多诗人在他们的诗中都提到过这些酒。“琉璃钟，琥珀浓，小槽酒滴珍珠红”，先不说这酒的味道如何，经诗人这么一描写，就已经酒不醉人人自醉了。

除此以外，大唐的洋酒系列里，还有一种叫作龙膏酒的洋酒，是西亚一个藩属国进献给唐宪宗的。据说这种酒“酒色幽黑如纯漆”，藩属国贡使说，这是用当地特产的一种鳄鱼经特殊工艺泡制的，不仅可以补气血，壮筋骨，驱湿邪，滋心养肺，还可以“延年益寿”。唐宪宗一听，好奇心起，开坛即饮，味道果然与众不同，从此就放不下了。也不知道是不是心理作用，反正自从他喝了这龙膏酒以后，真的就觉得神清气爽飘飘欲仙了。

生意兴隆的“酒吧业”

有酒，就得有个喝酒的好地方。唐朝人的性格热情奔放，大都不会一个人闷在家里自酌自饮。李白不是说了吗，就算是剩下一个人，那也得“举杯邀明月，对影成三人”。喝酒，总得人多了才热闹，所以才会有酒吧这种场所的存在。

唐朝的酒吧叫作酒肆，通常门口都会“旗帜鲜明”，远远就能看得到。“试问酒旗歌板地，今朝谁是拗花人”，这酒旗就是大唐酒肆最鲜明的标识，叫“旗望”，挑在酒肆的大门口，多用青白布制成，风一吹，“啪啦啪啦”地招展着，很是迎人（长安方言，招人喜欢的意思）。

说起迎人，其实比这酒旗更吸引客人的，是酒肆里的陪酒女郎。

陪酒女郎也是个职业，无论现代还是唐代，她们一直都存在。只不过要想在唐代做一名合格的陪酒女郎，好像比现在更不容易。因为除了喝酒，琴棋书画样样都得会一点，不然怎么应付得了酒桌上的那些文化人呢?

对于她们的培训是从小就开始的，得学吹拉弹唱，还得懂诗词歌赋。哄酒宴上男人们高兴的时候，得能歌善舞说笑话；陪他们解闷聊天呢，得吟诗做对像个女秀才。所以唐朝的陪酒女郎，多半都是才艺双绝，外带一个好相貌。

这些女孩子在当时被叫作“酒伎”，一桌酒宴上往往都坐好几个。酒宴上重要的客人，至少需要两个酒伎来作陪，一边劝酒，一边逗乐，人称“两头娘子”。两头娘子是没有社会地位的，无论她有多么会唱会跳会写诗，都不过是社交场合里的陪衬品。所以在唐朝，良家妇女轻易是不参加什么酒宴的，万一不小心被当作两头娘子，那人可就丢大了。

论说起来，这两头娘子的服务应该已经算是够周到了，不过，大唐的男人天生都有着猎奇的心。这两头娘子再好，总是司空见惯了的，于是胡姬的生意自然就好起来了。

胡姬，就是大唐时代的洋妞。

在唐朝，随着经济文化的对外开放，长安聚集了很多的胡人。他们将他们的文化与风俗一同带进了长安，一度竟在长安刮起了胡风热，而胡人的女子——胡姬自然也就很受大唐男人的喜欢。

胡姬长得与中原女子是不一样的。高鼻梁深眼窝，性格热情奔放，尤其是这些胡姬个个能弹会跳，动作大胆撩人，眼神妩媚难挡，所以使得五陵少年成天围着她们转，连李白的诗里都说：“五陵年少金市东，银鞍白马度春风。落花踏尽游何处，笑入胡姬酒肆中。”

胡姬一入长安，大部分都加入了长安的酒吧业。她们的酒肆与长安传统的酒肆不一样，卖的多半是“洋酒”；她们的服务，与两头娘子也不太一样，胡姬的服务显得更火辣，也更会撩拨人。尤其是她们跳的舞蹈，一时间竟引领了当时大唐的文艺时尚，就连杨玉环也在宫里学着跳。这就是非常有名的“胡旋舞”。

胡旋舞最早传到长安还是在北周时期，为了能够达到兄弟民族之间的和睦相处，北周皇帝决定和突厥国的可汗做亲家。可汗一听高兴了，大大方方地就把女儿送到了长安，陪嫁的队伍里不仅有黄金珠宝，还有一支三百来人的突厥乐队，在这支乐队里就有一批会跳胡旋舞的突厥女子。如果史料记载没有错的话，这种转起圈儿来好像一阵风的舞蹈就是她们带进长安的。那一年，是公元 568 年。

后来到了唐朝，随着到长安的胡人越来越多，会跳胡旋舞的胡姬女也早就不只是宫廷乐队里的宫女了。她们在酒肆里一边跳舞，一边卖她们的“洋酒”，很快就兴旺了长安的酒吧业。

当时长安最火爆的胡姬酒肆在曲江，那儿是长安的繁华地儿，有钱的、当官的几乎都在那儿。这让一些怀抱治国梦想的文人们也常聚集于此地，这些文人很快就在胡姬的酒肆里找到了创作的灵感，并且为这些胡姬女们写下了大量诗词，什么“为底胡姬酒，长来白鼻騧”，什么“胡姬貌如花，当垆笑春风”，还有什么“细雨春风花落时，挥鞭直就胡姬饮”……毫不夸张地说，胡姬与她们的酒肆，对于推动大唐的诗歌文化，起到了不可估量的作用。就这一点来说，相较我们今天逛酒吧的人，还有几个能在摇滚音乐里创作出几首传世的经典呢？

当然，或者也可以说，现在的酒吧里，再也找不到可以让人诗性大发的胡姬女了。这也是个理由。

唐人酒桌上的那些事儿

无论酒伎还是胡姬，其实都是男人酒宴上的点缀，说到底，都是为了给男人找乐子的。唐朝酒桌上的乐子离不了这些年轻的女孩子，她们通常是酒桌上不可缺少的一道艳菜，有色，有香，有的时候，也有些“权力”。

这个权力，是由酒桌上的游戏赋予她们的。

唐朝人喝酒不会是两个杯子碰一块，说句“先干为敬”就完事的，既然酒席宴上总是要寻乐子的，那就离不了玩些小游戏；既然是游戏，就要有个游戏的规则；既然有规则，就得选一个执行规则的人出来，这人在当时叫作“席纠”，或者叫“觥纠”，又或者叫“酒纠”。他们是酒桌上最大的官儿，凡是坐在酒桌上的，管你多大的人物，也不论长幼，都得听这酒官的。而这酒官，通常都是由这些酒伎担任的，有点儿像游戏裁判的意思。

那么就有人要问了，唐朝人的酒桌上一般都玩些什么游戏呢？是不是也是玩色子、比大小或者玩个老虎杠子啥的呢？你可千万不要想这些，如果到了大唐人民的酒桌上你给他们讲这些，估计他们可能会把你轰出去，因为人家唐朝人民酒桌上玩的游戏，可远比这些高端大气上档次得多啦。

先来看一种比较斯文的游戏，这游戏的名字叫“律令”，有点近似于文字游戏，比较适合于一些女人和文人。举个例子，唐朝有本传奇小说，叫作《游仙窟》，说的是一个姓张的书生艳遇两位美女的故事。故事里有一场酒宴，其中玩的游戏就有一个律令。做酒官的是其中的一个美女，她设了一个令，说要取古诗中的句子，另一个美女起头说：“关关雎鸠，在河之洲；窈窕淑女，君子好逑。”她用的是《诗经》里的四句诗，而且是讲男女爱情的。张书生立即就对：“南有乔木，不可休思；汉有游女，不可求思。”也是《诗经》里的，也是讲爱情的。瞧，我这么一说，是不是觉得人家唐朝人这酒桌上的游戏，玩得巨有文化？要是没多读上几年书，哪儿敢上这场面？

别着急，这还算是简单的，听我再给你说一个。这是一场在船上举行的酒宴，当时酒官出了一个令说，既要结合酒宴上的场面，结尾还必须得是一个乐器。起头的人说：“远望渔舟不阔，尺八。”接令的立即回道：“凭栏一吐，已觉空喉。”“尺八”和“箜篌”都是乐器，“远望渔舟”与“凭栏一吐”都应了当时的景。这两个一对一答，其中的巧妙，那可不是喝几顿酒就能练出来的。

听我这么一说，是不是吓得你纵然真的回到了大唐，也不敢再上他们的酒桌了？不用怕，其实唐朝的酒桌上，律令也有能简单玩的，比如拆字令，如果有一姓李的站你身边，你出“李字为十八子”，对面接的那个人接“张字为弓长”，这个令就算接下来了。如果咱的肚子里真没喝下那么多墨水的话，这个总还是可以玩玩的。

假如连拆字令咱都玩不了，那么这种斯文人玩的酒令看起来就真的不太适合你了。没有关系，唐朝人的酒桌上，还有一种游戏叫“骰盘令”。简单说就是用“掷骰子”的方式来决定谁喝酒、喝多少，有点近似于我们今天的掷色子。但即便是这么一个简单随意的游戏，有的时候也能被大唐人玩出诗意与浪漫来，不信就来看看这两位大诗人是如何玩的吧。

当年大诗人杜牧跟张祜去泡酒肆，诗人嘛，总是有些小风流的。杜牧看上了席上的一位美女酒伎，突发奇想，就想看一下人家姑娘的手到底长啥样（唐朝姑娘的衣服袖子都长，一双玉手是轻易不示人的），就提议玩个骰盘令。结果，人家姑娘的一双玉手一直藏在袖子里，即使扔骰子的时候也没有伸出来。这下可让杜牧失望透了，随即写诗说：“骰子逡巡裹手拈，无因得见玉纤纤。”

张祜一听，哟，我这哥们想看一下姑娘的玉手却看不着，心里急得直发痒了吧？随即小花花肠子一转，立即就说：“但知报道金钗落，仿佛还应露指尖。”意思是说，告诉她说钗掉了，她总得伸手捡吧，这样的话，手指尖不就露出来了吗？

瞧瞧，唐朝人教我们的不只是喝酒，还教会了我们怎么去撩妹——多读书，有文化，最好还能顺嘴来句极具挑逗性的诗。怎么样，你行吗？

都不行？那可有点为难了。看起来，只能玩玩抛打令了。抛打令简单，估计每个人小时候都玩过。桌上摆个彩球，行令的时候，一边伴奏一边传球，传到谁的跟前，谁就得接受惩罚——这不就是击鼓传花吗?

没错，抛打令差不多就是我们小时候玩过的击鼓传花，一般惩罚的内容也无非是喝酒或表演歌舞，实在不行，来个绕口令也可以。看来真到了大唐，咱要是实在没有两下子，就只能玩玩这抛打令了。

等等，你这就要端起酒杯来喝酒了吗? 慢着慢着，在大唐人民的酒桌上，你要是就这样端起酒杯来一饮而尽的话，你以为你豪爽，可大唐人民可要说你不懂规矩了。

坐在大唐人民的酒桌上，千万不要以为只要做好游戏就可以了，有些规矩你还是得知道的。比如酹酒洒地，这个大家多多少少在电视上都见过：端起一杯酒，并不急着喝下去，而是洒在地上，有的时候是为了祭奠亡魂，有的时候是为了赌咒发誓。虽然现在不兴这个了，不过唐朝那会儿，却还是挺流行的。另外还有一种规矩，就是把指甲在酒杯里蘸一下。这个听起来感觉好不卫生呀，但这在当时却是一种劝酒的礼仪，用蘸甲来表示对客人的尊敬。假如真的在唐朝，有人劝酒的时候对你行了这样的礼仪，你可千万不要嫌弃人家不讲卫生呀。

第三章

我们喝的不是茶，是文化

刚刚说完了唐朝人酒桌上的那些事儿，突然就想起了从前听到的一句话，这话说的是现代人酒桌上最怕三类人，一是戴着眼镜片儿的，一是口袋里揣着药丸儿的，还有一类是头上梳着小辫儿的。这三类人有个共同的特点，就是上了酒桌不喝酒，别人还不敢使劲劝。戴眼睛片儿的多是文弱书生，一杯酒就能撂翻的；吃药丸儿的有医嘱，酒可千万碰不得；梳小辫儿的就更不得了，娇里娇气地说一句“我从不喝酒”，得，她的那一杯还得你来替她干了。

当然，除了这三类人，现在还得再加上一类，那就是手里握着方向盘的，纵然他自己想要喝，交警也不答应呀。于是，“以茶代酒”就成了常有的事儿。

“以茶代酒”不是这几年才时兴的，远在魏晋南北朝时期的酒桌上，虽说既没有戴眼镜片儿的，也没有吃药丸儿的，也没有梳小辫儿的，更没有手里握着方向盘的，但偶尔也会遇到因为各种原因害怕喝酒误事的，于是以茶代酒就出现了。不过那个时候的茶还不是十分普及，名字也不叫“茶”，而是叫“荼”“茗”，或者“苦菜”，而且那个时候的茶，也还只是南方人的喜好，北方人不仅不喝，还时不时地嘲笑一下南方人，把个苦菜叶子喝得那么有味道。

茶，是可以这样喝的

茶的真正普及是从唐代中期以后开始的，准确地说是在唐玄宗的开元盛世以后。

一开始，北方老百姓是不喜欢喝茶的，我刚才说了，茶最早只属于南方人。据说后来有个南方老太太为了把她的茶叶卖到北方来，就跑到长安经营了间茶叶铺子。可是长安人根本就不愿意接受这种略带苦味的“菜叶子”，于是老太太就想了一个办法，她每天都在门口煮茶叶，让茶叶的香味弥漫得满街道都是，长安人闻到了都问，这是什么呀这么香？老太太揭开谜团，神秘地告诉大家说，这就是“茶”，从此，长安人逐渐就爱上了喝茶。

当然这只是个传说，真假很难考证。在一本《封氏闻见记》里也记录了一段有关茶的故事，这回说的不是老太太，而是唐朝的一个老和尚。这位和尚天天教人打坐参禅，不能吃也不能睡，于是就拿了茶叶给信徒一起喝。因为茶叶有提神的功效，所以很快也就为大众所接受了。

这两个故事无论是真是假，但中国人是从唐以后才开始全民喝茶的却是一个不争的事实。《旧唐书》里说：“茶为食物，无异米盐，于人所资，远近同俗……”意思是在唐代的时候，茶就已经和米盐一样成为人们日常所必须的食物了。

现在，咱们就一起去观摩一下，唐朝人是如何喝茶的吧。

在我们的眼前有一釜即将煮沸的水（注意，我用“釜”字，而不是“锅”字，也不是“壶”字。“釜”是古人用的一种炊具。如果我说“锅”或“壶”，那就太没有时代感了），眼看着水面上已经漂起了像鱼眼睛那么大的水泡时，取适量的食盐加入水中；很快，水面上又沸起了小珍珠似的水泡。这个时候，要拿一只小瓢（注意一定是“瓢”，而不是不锈钢勺子），盛出一瓢水放在旁边，待稍后会有用；现在，再用一只竹筴（竹子做成的一种夹子）一边慢慢地搅着水，一边把一撮茶末倒进水里，再继续搅，一直要搅出“汤花”来，然后把刚才晾在瓢里的那一瓢水加进来，待有更多的汤花浮出来的时候，这茶就正到火候了。

这是唐朝人喝茶的功夫，叫“煎茶”。煎好的茶要赶紧离火，不然就煎老了。“老茶”唐朝人是绝对不会饮用的。所以，掌握好煎茶的火候就成了一门学问，擅长煎茶技术的人在当时被称作“茶博士”，不过这个茶博士和咱们现在茶馆里的茶博士可不一样。当时的茶博士那还算是一种很有身份的职业，不是谁想做就能做得了的。你一定听说过“陆羽”这个名字吧，他就是当时非常有名的茶博士，写过一本书叫《茶经》，里面谈的全是茶，产地、品种，如何制作，如何煎煮，哪儿的水煎茶更好，哪种器具更适合盛茶……总之是一部有关茶的百科全书。尤其是这煎茶的诀窍，陆羽在这本书里，讲得真是出神入化，花样百出。他的茶甚至可以加上葱、姜、大枣、橘皮、茱萸、薄荷等一起煎煮，这哪儿是我们今天喝功夫茶的那套本事能够比得了的呢？

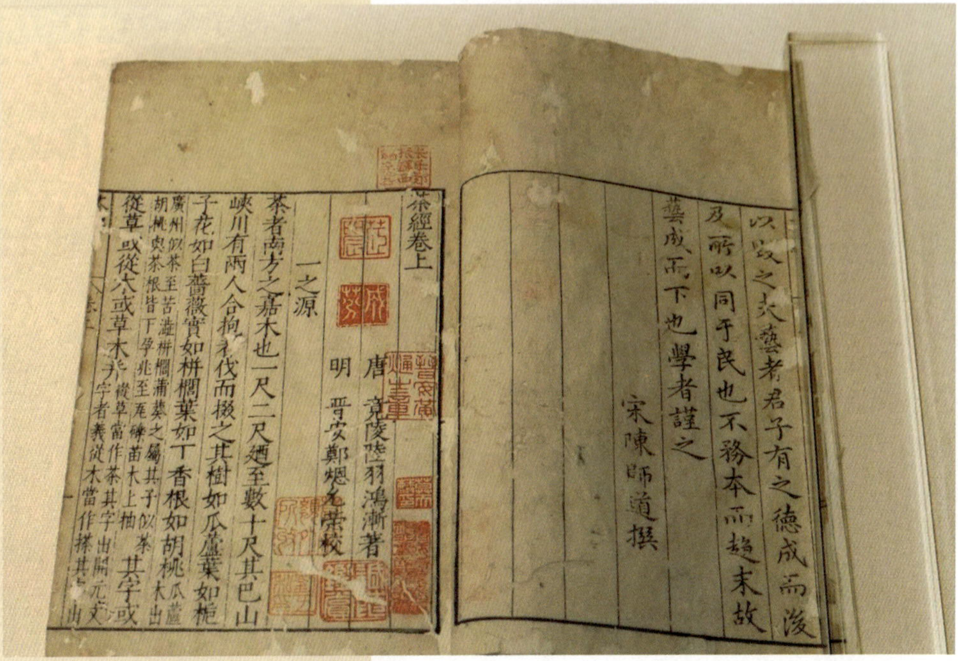

陆羽之后，到了唐朝末期，又出现了一种点茶的方法。这种方法更玄妙，是把茶叶熬制成膏状，放在一只小茶碗里，然后给茶碗里一点一点地注水（注意，这水一定要是烧开的水）。不过，这注水可是非常有讲究的，快和慢，注在什么地方，一点儿都马虎不得。据说会注水的人，能够随着水落茶膏，升腾起各种奇异的景象，鱼鸟花虫，飞禽走兽，会瞬间出现在汤纹水脉里，真是比魔术师的手还要玄幻呢。

好马配好鞍，好茶也得配好碗

唐朝人喝茶能喝出这么多的花样来，跟他们对于喝茶这事儿的挑剔程度是分不开的。我说他们挑剔，一点也不夸张，水要用什么样的水，茶叶得是什么季节的茶叶，包括茶碗，那都不是随随便便乱用的。哪里会像我这样，一早上起来，捏几片茶叶放在玻璃水杯里，往饮水机上接点热水泡着就喝了。

当然，咱们现代人喝茶也是有讲究的，并不是每个人都像我这样随意。我就见过一朋友喝茶，水必须得是农夫山泉的，茶叶必须得是明前的龙井（这算不算讲究我也不知道，反正他自己说他是很讲究的）。

我这朋友所钟爱的西湖龙井，大概在咱们现在就算得上是名茶好茶了，不过在唐朝那会儿，它的名次可要排后很多了。《茶经》对当时的茶叶做了排名，说湖州的茶最好，常州的排第二，而宣州、杭州等地的茶叶就要居下了，苏州的茶根本排不上号。所以，不光是龙井，包括碧罗春，也同样没有跻身名茶的行列。

唐朝人最看得上的茶叶，还是贡茶。有点常识的人都知道，不管是啥，凡是带了“贡”字的，品质一定差不了，因为只要带了“贡”，那就一定是要献给皇宫里的，贡米是，贡茶也是。每年赶在清明以前茶叶刚刚露头儿时，摘下来，烘制好了，再赶紧送到宫里去。不过，那么多茶叶皇帝一个人也未必喝得完，他有时候心情一好，就会大大方方地把这最好的茶叶赏赐给大臣们。所以，这上品中的上品茶，也就成了上流贵族间茶室里的顶级配置。

但有了好的茶叶还远远不够，唐人精于茶道，就连煮茶的水也十分挑剔。《茶经》里说得很清楚，要以山泉水最好，江水次之，井水又次之。以这个标准，我们平时用的纯净水不知道该划在哪个档次，自来水又该是哪个档次呢？

当然，陆羽没见过矿泉水，也没见过自来水，但即便见过，挑剔的唐朝人也是不会用的，尤其是那些钱多到没地儿使的。就拿唐武宗时期的宰相李德裕来说吧。这人当时就住在长安，但是他不喝长安的水，因为他听了陆羽的话，知道江南惠山的泉水最好，所以每次都要长途周转把水从惠山运到长安用来煮茶。那可是数千里路啊，就为喝口茶，这可是要费多大的周折啊。

最后咱们再来说说茶碗。

说“茶碗”，并不是太专业，其实唐朝人喝茶的茶具，主要是杯盏。咱们现在看古装电视剧的时候就会看到这种茶具，一个带盖儿的茶杯，底下有个茶托，喝茶的时候一手托着茶托，一手慢慢掀开茶盖儿，轻轻地呷一口茶：好茶！

但如果你在古装电视剧里看到唐以前的人也是这么喝茶的，那这个导演可就有点历史盲了，因为茶托是在唐以后才有的，最早人们喝茶，只有杯子，没有托儿。直到唐德宗年间，名将崔宁的千金病了，丫鬟给她端了杯茶，要么是这小姐太娇气，要么是这小姐真是病得不轻，她嫌这茶烫手，就让丫鬟给她拿个碟子托着。这一托，咦，大家都觉得这是个好办法，不烫手了。但是，茶杯托在碟子上并不是那么稳当的，丫鬟一不小心就会把杯子打翻。于是她又想了个办法，找个环状的东西，固定在盘子的中央，这样杯子就不容易被打翻了。

崔家千金的这一场病，改变了中国人喝茶的习惯，那只托茶杯的碟子后来经过工匠们的改良，就变成了一只可以把杯底嵌进去的小茶托。从此，中国人的茶具式样便固定了下来，一直沿用到今天。

唐朝人茶具的式样虽然和今天的已没有多少区别，但在质地上却要丰富得多。除了金、银、玉器以外，还有玛瑙的、琉璃的。当然，用得最多的还要属陶瓷。

无论金、银、玉器，还是玛瑙、琉璃，毕竟都是有钱人使用的玩意儿，大多数人对于茶具的选择仍然是瓷器，尤其瓷器本身所带有的颜色，配合茶的颜色，会让喝茶成为一种从味觉到视觉的完美享受。

陆羽的《茶经》里说："碗，越州为上。其茶具类玉类冰而益茶。茶色绿。"瞧，这陆博士说得已经非常明白了。他说在茶具里，选越州瓷是最好的，因为越州瓷的颜色又像冰又像玉，与茶那清透碧绿的颜色简直是绝配。所以，大诗人们都说什么"九秋风露越窑开，夺得千峰翠色来"，又有什么"越瓯荷叶空"，还有什么"越犀玉液发茶香"，说的全是清透的茶配上越州瓷以后所带来的美的享受。

唐越窑海棠式大碗

与越州瓷颜色相近的还有一种岳州瓷，陆羽对它的评价是色青，宜茶，据说用岳州瓷盛茶，也是明艳可赏的一种效果。

与越州瓷和岳州瓷同样能与茶绝配的，还有一种大邑蜀窑烧出来的瓷器，这种瓷器薄而坚致，色白声清，就连老杜当年在四川时，都说“大邑烧瓷轻且坚，扣如哀玉锦城传；群家白碗胜似雪，急送茅斋也可怜”。这诗不是老杜的绝品好诗，但诗里面的瓷却是茶具里的精品好瓷，如雪似玉，托着淡淡的一杯清茶，那样的意境，远比老杜的这首诗要美得多了。

爱美篇

第二部分

第四章

唐朝人的衣柜

“云想衣裳花想容”，这是李白的诗。

有一年春天，他站在沉香亭旁边，看到牡丹花丛中的杨玉环，就想到了这一句，用来形容杨玉环和她那身漂亮衣裳的。

杨玉环到底有多好看，咱们今天是看不着了，不过唐朝女人会打扮却是不争的事实。

一说到穿衣打扮，想来不少美女的眼睛都要睁得老大，心里肯定想着自己虽然不敢说与杨玉环媲美，但论起穿衣打扮来总还算得上是个达人，不管是什么宝还是什么店，都熟门熟路的，各种时尚款的服装，什么高腰的、低胸的、打底的、外搭的，啥流行买啥，啥时尚穿啥，走在街上回头率保准百分之百。

这一点我绝对相信，现在的服装款式那真是日新月异，看得人眼花缭乱。我听说目前服装界最流行的要属韩国风，好像有一阵子中国就刮起过哈韩风。还有什么呢？低胸装，露着一条若隐若现的事业线很是性感；还有雪纺，雪纺一度也很流行，轻薄的面料随风飘扬，非常有仙气。

不过假如我说，我们现在玩的这些所谓的时尚流行，都是大唐女人们玩剩下的，你们会不会觉得很尴尬？但这确实是真的，大唐女人们在穿衣打扮上那真是引领时尚一千年，尤其是她们的化妆术，看了以后，估计你都不好意思说自己是个化妆高手了。

你要是不相信，那就跟我去瞧瞧唐朝人的穿衣打扮吧。

唐朝女人怎么穿

在西安博物院里，能见到一组大唐仕女俑，这些仕女一个个姿态迥异，各具神韵，但却一律体态丰盈，或者可以说就是几个柔软可爱的胖子。从她们的身上可以看出来大唐女人穿衣打扮的特点，他们大都梳着高高的发髻，穿质地非常轻薄的衣裙，领口开得很低，裙子的腰线很高，与今天街上流行的高腰裙几乎别无二致。

高腰低胸是唐代女子衣裙最显著的一个特点，但她们的着装却并不是一开始就这样的，初唐的女子在着装方面还是非常保守的，那个时候流行的还是桃形领口或交领，上衣非常瘦小，露的也远没有那么多。即使是出行，女人们也都把自己包裹得严严实实的，“全身障蔽，不欲途路窥之”，和其他封建时期的女性外出一样，都是十分谨慎小心的。

这一切的改变，是从中国第一御姐武则天二次入宫并且执掌朝政开始的。

这个世界是由男人和女人构成的，当男权在社会上占据绝对优势的时候，女人自然而然就成了男子的附庸物。她的一切都是他的，他

唐仕女俑。西安博物院展出。

不允许她将属于他的东西随意地呈现给另一个男人看，更不能容忍与另一个男子共同享用，所以他会把女人包裹得严严实实，告诉女人哪怕是你的影子被另一个男人盯一眼都是罪大恶极的事情。

但自从武则天控制了大唐的政治权力以后，世界发生了翻天覆地的变化，女人再也不用低眉顺眼地对着男人唯唯诺诺了，她们开始充满自信地向这个世界展示她们的美与才能。这一时期的女性，公开挑战男性的权威，在此以前所有在女子身上不可想象的事情，全都被她们付诸实践，包括做官、打马球，还包括养情人，当然也包括可以大幅度地展露自己美丽的身体。

“粉胸半掩疑晴雪”，她们胸部袒露的程度不断扩大，身形也更加饱满挺拔。衣服的面料开始采用更为轻薄的纱罗，这些面料在有些部分甚至是半透明的，比今天的雪纺还要露肉。

现在，咱们就来看一看大唐美女的服装款式究竟是个什么样子吧。

唐朝女人当时流行的服装款式，叫作“襦裙服”，襦上裙下，就是我们现在的两半截上下混搭。不过，与我们今天有所不同的是，这个“襦”比较短，最多也就及腰长，与下裙相接，却可以露出胸的上半部。

襦衫的下面，当然要接一条长长的拖地长裙了。古时候，这个“裙”叫作“裳”。李太白的“云想衣裳花想容”，想的就是这个“裳”，有点近似于现在女人穿的裙子，所不同的是这裳不光女人穿，男人也穿。不过，咱们这会儿说的是唐朝女人的打扮，就先把它当作裙子来说吧。

唐朝女人的裙长及地，腰却裁得很高，很像现在的韩版高腰裙。前些时候，我自己就买了条这样的裙子，卖衣服的人告诉我这是眼下最流行的款式，我以为是赶了趟时髦，殊不知，这时髦竟然是一千多年以前流行过的。

接下来说的是唐朝美女们人人都喜爱的一件小衣服——襕裙。

“襕裙”大家可能觉得非常陌生，根本想象不出来那是一种什么样的衣服。但我估计现在大部分女孩儿都穿过这种衣服，很像咱们现在常说的“抹胸”。

据说这襕裙的来历与杨玉环的一段桃色故事有关。她的那位胡人义子安禄山，不知道是真醉假醉，喝过酒以后总喜欢在杨玉环的酥胸上乱摸，手重的时候会把杨玉环的酥胸抓破。杨玉环无奈，只好做襕裙把胸护起来。

当然，这只是个传说。中国女子的胸衣是自唐以前就出现的，不同的是多加了两条肩带，近似于后来的肚兜，从脖下一直护到小腹，仅在后背系着两根纤细而神秘的绳儿。

据我所知，“抹胸”的名字在唐代还有好多，比如诃子、腰彩、合欢、胁衣，指的都是围在女人胸前的一件小衣服。最不可思议的是，在唐朝这抹胸还有一个名字叫作“袜”。对，就是“袜子”的“袜”。卢照邻有句诗说“倡家宝袜蛟龙帔”，这里的“袜”指的可绝不是咱们现在说的袜子，而是倡妓的抹胸。

现在，再来说说最有大唐服装特点的一件衣服——半臂。

前面我讲过一个故事，说李隆基还做临淄王的时候，有一天去王姑娘家串门，那天正好是他过生日，王姑娘就当了一件衣服回来给他过生日，这王姑娘当掉的，就是一条紫色的半臂。

那什么是半臂呢?

其实就是一件短袖外套，穿在上襦外面。这件外套不分男女，大唐人民都爱穿。简单随意，交领，右衽，下面接襕。什么是襕呢？这是中国古代服装的特色，可以把它理解成是在衣摆的下面再接条宽幅边儿的意思。

另一种女式外套叫“褙子”。这褙子可就真是和我们今天女孩子的外搭很接近了。直领、对襟，腋下开胯，今天很多服装是不是都采用了这样的设计？所以我才说大唐女人在穿衣打扮上领先了我们一千多年。当然也可以说，我们今天所有的这一切其实都是在复古，这样说好像会更有面子一些。

好了，现在我们来介绍一件最具女性特点的服饰，非常妩媚，带着十分的仙气，它就是大唐美女第一首选的服饰搭配——帔帛。

《大明宫词》里的太平公主，行走间肩膀上总有两条长长的丝带，大红色的，就是我现在要说的“帔帛”，后来慢慢演变成了披肩。没有哪个女孩儿是不喜欢披肩的，我的衣柜里就挂着好几条，我一直都觉得披肩最能体现女性美，原来它的首创还是在大唐。

最后，我们看看大唐女人脚上都穿着什么样的鞋子。

有一种是“履”，古人常把鞋子叫作“履”，但实际上，鞋和履还是不一样的。就拿唐朝人来说吧，“履”显然更具有仪式感，鞋子则随意些。从质地上来看，履大多是丝制品，当然也有用锦、麻、毡或皮做的。履头的花样很多，有的做成凤头，有的做成鸳鸯，有的做成如意，反正就是什么好看，什么吉祥，什么看起来高贵又大方，就可能做到履头上。

鞋子就没有那么复杂了，多用丝绳或者麻绳制成。这一说你就能听出来了，那履多是有钱人穿的，而鞋多是平民老百姓穿的。

至于靴子，这本是个舶来品，是跟着胡人一起来到大唐的。胡人骑马都要着靴，并且不分男女。唐朝女人好时尚，男人怎么玩，她们也要跟着怎么玩。男人骑马，她们也骑马，男人的脚上着高筒靴，她们的脚上自然也会着高筒靴了。

除了这三类以外，唐朝人的脚上还穿一种“屐”。对，没错，日本人现在还爱穿木屐，但其实是从咱们大唐流行过去的。屐没有帮，只有底，底下有齿，上面穿绳，很像今天的十字拖。李白诗里说：“玉面耶溪女，青娥红粉妆；一双金齿屐，两足白如霜。”这该是一双怎样动人的脚呀。

唐朝女人的奇装异服

说完了大唐女人穿衣的基本配置，我还不得不再和你聊聊当时女人们的“奇装异服”。

第一就是女扮男装。

在西安博物院展出的那一组唐代仕女俑中，有一位年纪较小的胖女孩儿，从她的面部与身高来看，年纪要比其他几位女性小，而穿在她身上的衣服也与其他人的有所不同。你看她美丽的脖颈被一只小圆领紧紧地包裹着，袖口也没有其他人那么宽大，一看就是件男人的衣服嘛。

唐代女扮男装仕女俑。

从这个身穿男装的唐代仕女俑可以看出，那个时候的女孩子还真是很调皮，她们有时会穿男人的衣服，比今天的女孩子们还会玩。

但其实大唐的女人穿男装并不只是为了玩的。有一种说法是，唐朝女扮男装的风气是自上官婉儿开始的。上官婉儿是武则天身边的“女秘书”，也是朝里当官的人。奇怪的是，唐朝女人的地位虽然提高了，很多像上官婉儿这样的女子可以同男子一样出来做官，但大唐政府却从没有给这些女官员制定合乎她们特点的制服。于是就只能找身男人的制服穿上算了，这样一来反倒显得更英姿飒爽。于是，女子着男装的风气就因她而起了。

其实大唐女子女扮男装的并不只是当官的上官婉儿，年少的太平公主也干过这事儿。一身男子的装束在皇帝老爹和皇后老妈面前翩翩起舞，还哄得老爹老妈高兴得哈哈大笑，可见他们也很喜欢自己的女儿穿上这一身男装的。

这种男装与大唐女子婀娜摇曳的女装大为不同，衣身紧窄，圆领长裤，活动起来非常方便，倒是与胡人穿的胡服十分接近。

又提到胡人了。

大约在公元 630 年的时候，大唐收编了一个突厥汗国。突厥汗国内的粟特人开始进入长安，他们是第一批大批量进入长安的胡人。

粟特人是一个商业民族，从魏晋以来就进入中国的西北地区，形成许多独立的聚落。这种移民运动，到贞观时达到一个高潮。他们的很多风俗与生活习惯让大唐人民耳目一新，其中就包括他们女子所穿的那一身短打扮，像男子一样干练、清爽，很快就成了长安城里美女们追赶的时髦。

胡服女骑俑（唐代）。陕西历史博物馆展出。

第二是袒露装。

唐朝妇人穿衣服也是怪，要么捂得太严，像胡服装，要么就露得太多。《满城尽带黄金甲》里，那一个个露在镜头外面的酥胸，曾让张艺谋导演背了好一阵子的骂名，但是张导真是冤枉的，唐朝女人果真就是那么喜欢露的，不能让张导歪曲历史吧。

到了唐朝，女性的社会地位全面提升，思想也全面解放，她们穿衣打扮的开放与前卫，是咱们今天的女孩子们都望尘莫及的。

再加上李氏王朝那鲜卑族血统里，根本没有太多汉文化的束缚，所以唐朝女人从一开始，就可以骑马、从军，甚至冲锋陷阵。高祖皇帝有个女儿平阳公主，就曾经带领一班女子军闹过起义。她们个个都是女汉子，胆子大，不受束缚，个性里带了张扬与自我的成分，就连在穿衣打扮上也不愿受太多拘束。

除了这种自带的性格特点以外，大唐的社会制度也为女人的个性解放提供了可能。学过历史的人都知道，唐朝实行的是租庸调制，这项制度允许男人用女人织出来的绢、帛代替徭役，这让女人在家里的地位一下子提升了。这个道理显而易见，女性的劳动得到了社会的承认，她们也就拥有了更多参加社会活动的机会，比如游春、打猎。这样的活动对于女人而言，是展现她们美的机会，对于男人而言，更是欣赏女人美的机会。于是文人们总是大做文章，又夸女人的衣服，又夸女人的脸蛋，还夸女人的身段。女人们受到了鼓舞，文人们的笔墨越浓，夸得越多，她们便露得越多。这下好了，袒露装在大唐女性间悄然兴起，男人喜欢，女人也喜欢。

唐朝男人怎么穿

说完了唐朝女人的装扮，再来看看唐朝男人的穿衣打扮。说起来，还真不比女人简单多少呢。

先说唐代男人的头吧。

咱们现代男人穿着打扮很少有在头上下工夫的。至多留个比较潮的发型，或者戴个比较酷的帽子。但唐朝的男人就比较麻烦了，他们的头上有冠，有巾，也有帽，而且戴起来还特别有讲究。

先说“冠”。冠是一种身份的象征，并不是什么人都可以戴的。当然，冠也不只属于男人，一些有身份的女人也戴冠。上自天子，下到公卿贵族，每当遇到重大仪式的时候，就会把冠找出来披挂上。87版电视剧《红楼梦》里，贾宝玉的大姐元春省亲那一天，贾府上下盛装相迎，无论男女，头上戴着的都有个冠。

“巾”就日常化得多了，它还有个学名叫“幞头”。古时候的男人和现代男人不一样，他们是留着长长的头发的。出门以前，要把头发绾起来，再用一块头巾包起来。这个包头的巾子，就是幞头。无论公卿士庶都能戴，既无身份的区分，也没有什么特别的讲究。只是古时候的巾却是男人的专属品，并不属于女人，这一点不要搞错了。

除了幞头，唐朝人的头上也戴帽子。唐朝人民头顶的帽子，是跟胡人学来的。

有一种圆形的带檐的帽子，垂着一圈儿帷布，把脸遮得严严实实的，这叫作帷帽。帷帽是从西域传进来的，到了大唐，不仅男人戴，女人也戴。比起男人，女人更怕风吹日晒，所以用帷帽盖起来，倒是一种防风防晒的好办法。

不过帷幔虽能遮风挡太阳，但并不御寒，所以到了冬天，大唐人民就会戴一种毡帽，羊皮做的，也是从胡人那儿传来的，后来大受唐朝人民的欢迎。

好，咱们现在来看唐朝男人身上的衣服吧。

与女人上下搭配的两半截的襦裳不同，男人的身上是长长的袍衫。注意，袍和衫不是一件衣服，这得看你是在什么季节穿。如果天冷，那就穿袍，袍里加了衬，如果再冷，还可以往里面加丝绵，穿上很暖和；但要是在夏天，那就穿衫吧，衫是一件单衣，穿着凉快。但无论是袍还是衫，都是统一的圆领子，窄袖，衣长过膝。有的时候还会在下摆处再续加一道“襕”。

如果给你穿上一件大唐男人的长袍，你有什么感觉？是不是觉得腿都快要迈不开了？突然想要上厕所，岂不是件麻烦的事吗？

所以，唐朝的男装里，还有一种叫缺胯袍或者缺胯衫的衣服，就是在袍衫的两侧开衩。穿上这样的长袍，无论是劳动还是骑马，就方便得多了。所以，这种服装就特别受广大劳动人民和上战场的军人欢迎。

不管是开衩的长袍还是不开衩的长袍，对于唐朝男人来说，都是出门在外才穿的衣服，只要回到了家，他们也喜欢穿得随意些，像我们现在一样准备一套家居服，这种衣服在当时叫“衩衣”。但唐朝人讲究，如果你在唐朝敢穿着衩衣去见客，估计客人从你家出来以后，就要和你绝交了。因为穿衩衣见客在唐代会被看作是对客人的轻视，甚至是侮辱。所以我们也会在电视上看到，大凡有客人到来的时候，主人都会更衣相迎。说起来，还真是比咱们现代人讲究礼数得多了。

用什么来裁我的新衣裳

讲了唐朝这么多衣服，有没有人想过，这些衣服都是用什么面料做的呢？接下来，咱们就来聊聊唐朝衣服的材质吧。

我记得我小时候流行穿的确良，后来又有什么乔其纱、泡泡纱，都是做裙子特别时髦的面料。那时候没有人穿棉布衣服，大家都觉得棉布土气，是农村人才穿的面料。但这些年风水轮流转了，“纯棉”与“手工”成了时髦。但你有没有想过，它们早在一千多年以前，就已经出现在唐朝人的衣柜里，有的比我们今天的还要精巧别致。不信，就去看看吧。

羽毛

迟子建老师有本小说叫《额尔古纳河右岸》，里面讲述了鄂温克族最后一位酋长夫人一生的故事。这位美丽的酋长夫人有一条裙子，是暗恋她的一位男子用一根一根的羽毛为她织成的，非常美丽。

但用羽毛做衣裙却并不是这位男子的原创，早在唐朝的时候，不可一世的安乐公主就有一件美丽的羽衣裙，并且一时间引领了大唐女人的时装潮流。

安乐公主的脾气想必大家都是听说过的，这位被宠坏了的公主从来都任性霸道。有一天，她在花园里散步，看到树枝上鸟儿的羽毛在阳光底下闪闪发光，特别好看。她突发奇想，这闪闪发光的羽毛如果穿到自己的身上那不是也很美吗?

安乐公主是个想到就要马上做到的人，于是长安城里的鸟儿可受罪了，它们被捕来杀掉，拔下羽毛一点一点地捻成线，为公主织成衣服，果然五光十色，闪耀夺目。这下，大唐的贵族女人全都跟风，羽毛裙一时成为风尚。

现在有动物保护法，想如安乐公主那样用真正的羽毛做成一件衣服来穿的话，估计动物保护协会是一定要来找你算账的。即使是在大唐，用鸟的羽毛做衣服也就只有像安乐公主这样上流社会的女子才能做到。其他人上哪儿弄那么多羽毛去?他们的衣服常用的面料，还是以植物纤维制成的亚麻以及蚕丝制成的丝绸为主。

丝绸

“昨日入城市，归来泪满巾；遍身罗绮者，不是养蚕人。”用这首诗来说明古时候什么人才可以拥有一件丝绸衣服大概再明白不过了。

丝绸制品在古时候的价格是非常昂贵的，即使是富贵的大唐，也并非所有人都可以穿得起。丝制品的制作工艺太过复杂，从采桑养蚕，到作茧剥丝，再到纺织绸缎，要花费大量的人工与精力，且产量很低。物以稀为贵，就难怪丝绸的价格不菲了。所以，丝织品的衣服尽管不像羽毛裙那样不可多得，但那是有钱人家衣柜里的专属。

毛毡

毛毡其实是个舶来品，是随着丝绸之路从中亚传入中国的，但很

唐代丝绸（小团花纹绵，动物纹锦）。
陕西省历史博物馆藏品。

快就在大唐刮起了一阵毛毡热。说起来，这里面还有段小故事，与大唐的一位宰相有关。

这位宰相的名字叫裴度。此人因为整治朝纲手腕过硬，得罪了不少人，就有人想除掉他。有一天，裴度在去上朝的路上，突然迎面飞来一刀，正好砍在他的脑袋上。裴度当时眼前一黑，心想这下完了。哪知这一刀却只伤了他的头皮，居然啥事儿也没有。

这是为什么呢？原来他头上戴了一顶毛毡帽子，因为毛毡质地厚实，所以那一刀没砍进去。毛毡帽竟然救了裴度的命，从此这毛毡帽可就在大唐流行开了。

毛毡除了做帽子以外，大唐人还用它做靴子、做衣服，很有保暖的作用，但还是以毛毡帽最有代表性，尤其是扬州的毛毡帽，在当时特别受欢迎。有一首诗说：“划戴扬州帽，重熏异国香”，讲的就是这毛毡帽在当时深受长安少年的喜欢。

貂皮与驼绒

千万不要以为貂皮是现代人的最爱，早在大唐时期，就已经有人穿上貂皮了，但在当时都是皇室贵族才可以用得起的衣服面料，包括我们今天大衣常用的面料驼绒在内，普通老百姓是难得一用的。每年，西北的州县会定期把驼绒上贡给皇帝，所以那个时候的驼绒，是真正的皇室贵族才能穿得起的衣服面料。

棉布

棉布的原产地并不在中国，它也是沿着丝绸之路从印度和巴基斯坦一带来到大唐的，所以在当时也并不像今天这样随处可见。但由于棉布质地轻软，透气性好，所以很受人们的喜爱，毕竟比起丝绸和貂皮来，棉布还是亲民很多的。

以上这些就是大唐人民用的最多的几样衣料，看起来大部分都是我们今天还在穿着的，所以，大唐人民的衣服，无论是款式还是面料，都一直引领着服装的时尚。

第五章

跟着唐朝美女学化妆

几年前，我在一家公司上班的时候，前台有个女孩子姓吕，长得特别好看，属于那种走到哪儿都能吸引人眼球的靓妹子。她男朋友是一所中学的体育老师，标准型男一枚。两个人走在一起，就是俊男靓女的绝配。不过这俩人总爱吵架，又常常都是些鸡毛蒜皮的小事儿。小吕嫌男朋友对她没耐心，男朋友说小吕约会从来不守时。小吕很委屈，说女孩子出门不都得化个妆吗?

如果真是这个原因的话，那就是小吕男朋友的不对了，女孩子出门前化个妆不是很正常吗? 时间长就长点呗。你想问小吕化个妆需要多长时间? 满打满算也不过一个小时。一个小时还不够长吗? 你如果知道唐朝女人化妆的时间，就知道一个小时还真就不算长了。

梳头也是门学问

小时候我家挂着一幅周昉的《簪花仕女图》，我每次看到图上女人盘得像云一样的头发，就缠着我爸照着那个样子给我梳头发。可我爸只会给我扎辫子，搞得我每次都要跟他哭闹好长时间。

去年为写一篇唐俑的稿子，去了趟陕西历史博物馆，展厅里又见到了那些头发高高绾起来好像一朵青云似的大唐美女图，就想起了小时候缠着我爸梳头的事情。我把这事儿讲给博物馆的刘老师，刘老师说：“那你真是为难你爸了。唐朝那会儿的女人能把头发梳成这个样子，一多半用的都是假发。”

其实古代人早就知道用假发了。《诗经·君子偕老》中说：“鬒发如云，不屑髢也。”“髢”就是假发的意思。这句诗是夸卫宣姜的头发好到梳头都不需要用假发。但从另一个角度讲，从周朝开始，富贵人家的女人就已经知道垫假发了。到了唐代，假发就更加司空见惯了。所以无论我们看唐俑，还是看唐画，都会觉得：呀，人家唐朝女人的头发咋那么多呢？不要羡慕，那多半儿用的是假发。

唐朝女人喜欢把头发高高地绾起来，做成各种各样的发式，如果不用假发，根本达不到那么浓密厚重的效果。不过，唐朝的假发可和我们现在的假发不一样。现在的假发做得常常可以达到以假乱真的效果，柔顺有光泽，戴在头上根本分不出来是真是假。如果用习惯了现在的假发，回到大唐，给你束假发，你一定会吓得叫出来。

唐朝人把假发叫“义髻”。那时候常有一些劳动妇女会把自己的真头发卖给有钱人家做假发。“秋收稻，夏收头”，这是当时流行的一句民谚，说的就是穷人家的妇女每到夏天就会卖掉自己的长发，商人收购以后，制作成供富人家女子使用的假发。但其实更多的义髻还是用木料做成的，在木料上面涂上黑漆，或者用彩漆漆上花纹，就是大唐女子的一段义髻。

《簪花仕女图》局部

彩绘女立俑。陕西历史博物馆展出。

高髻持如玉仕女图壁画（唐代）。唐贞顺皇后敬陵遗址出土，陕西省历史博物馆展出。

义髻的使用为大唐女人梳各种形状奇特的发式提供了可能。现在来看看她们那些令人眼花缭乱的发型吧。

一位妙龄少女的头发通常不会被高高地盘起来，而是从中间分开来，梳成两个小髻。未婚的小朋友注意了，如果你们生长在唐朝，这样的双髻发式，就是你的专属，因为你还是个没有长大的“小丫头”。

等将来有一天，你找了婆家，要出嫁了，你的两个小发髻就要被高高地绾起来啦。因为在大唐，那高高绾起的发髻，是一个已婚妇女最明显的标志。不像咱们现在，不管什么年龄，不管已婚未婚，梳什么发式全凭个人喜好。无论是大姑娘还是小媳妇，你可别想从她的打扮中看出来。

一个大唐已婚女子的发式，虽然都是高高地被绾了起来，但绾的形状却是各式各样的，有的像云，有的像鸟儿，有的像小山，有的像田螺，名字也好听得不得了，什么凤髻啦，螺髻啦，交心髻啦，百合髻……多得数不过来，现在我们就挑几样常见的说说吧。

云朵髻

顾名思义，就是把头发梳成云朵的样子。想象一下，该是一丛头发叠着一层头发高高地盘在头顶的样子，然后在发髻间插上珠翠。这是大唐贵族妇女间比较流行的一种发式。

双环望仙髻

这是大唐年轻的少妇喜欢的一种发式，梳的时候先把头发高高地

【唐】《舞乐屏风图》

绾起来，在头顶分成两束，用黑毛线分别束缚成环状，高高地耸在头顶，然后再给髻前戴上一支金步摇，一走一颤，很婀娜的样子。

螺髻

这个名字好理解，一定是从外形上看起来好像只螺壳的发髻。这种发式最早是给小孩子用的，后来一度未婚的女子也这么梳，但从武则天时期以后，已婚女性硬是把这个样式给抢了过来，最终成为成年女性间比较流行的一种发式。梳的时候，是先将头发用黑丝带绑起来，然后在头顶盘旋着，编着螺壳的样子。

坠马髻

这名字一听就明白了，把发髻梳得好像要从马上跌落下来的样子，那就对了。这是一种形象的比喻，其实就是把头发高高地盘起来以后偏向一边，似倒非倒，造成一种凌乱感，能生出几分忧郁的神情，很适合大唐那些极其富贵的女人，又奢华又慵懒。

半翻髻

梳这种头发的时候，先把头发高高地束在头顶，然后由下至上盘旋，至顶部的时候突然翻转，并且做出一个倾斜的样子，好像一片翻卷的荷叶迎风招展。

峨髻

这种发髻梳出来的高度，至少也得有 30 厘米左右，差不多有一尺高。把头发梳得这么高，倒是个增加身高的好办法。所以峨髻在当时又叫作高髻，特别受唐朝美女们欢迎。

我一直在想，这么高的发髻，她们除了朝里面塞假发以外，到底是用什么来支撑这么高的头发而屹立不倒呢？所以，在大唐，梳头绝对是门学问，光这么多复杂的发式，估计不上个美容美发的培训班，是很难学会这门手艺的。更何况，一会儿盘一会儿编，一会儿还要翻转，一会儿又要似坠非坠。所以如果你真的在大唐，想要漂漂亮亮地出门去，那就一定要舍得睡懒觉的幸福感，估计光这头发你就得折腾好一阵子，就更不用说你还得化个能让人过目不忘的个性妆了。

大唐女子的“时世妆”

在没有仔细为大家介绍唐朝女子那些美丽而独特的妆容以前，先给大家念首诗：

晓日穿隙明，开帷理妆点；傅粉贵重重，施朱怜冉冉。柔鬟背额垂，从鬓随钗敛；凝翠晕蛾眉，轻红拂花脸。满头行小梳，当面施圆靥；最恨落花时，妆成独披掩。

这诗里写的是一位年轻的大唐美女，清早起来，掀开帷帐，坐在化妆镜前，先对着镜子照一照那张比花还要娇美动人的脸，然后懒洋洋地拿起粉扑，一重一重地傅粉。注意，大唐女子傅粉的面积可不只是脸部，这一点非常值得现在的某些美女们学习。我总是能在地铁上见到那些脸上被抹得白如面粉，脖子却又青又黑的美女。他们应该学学人家大唐美女，傅粉要从面部一直傅到脖颈，再到酥胸（虽然我承认这的确是浪费了点）。

傅粉以后是施朱，也就是抹胭脂。唐朝美女的胭脂抹得可谓五花八门，她们会根据不同的妆面，有的抹在两颊，有的抹得满面都是，还有的抹在眼角。一会儿你们就会看到大唐女子那各式各样奇奇怪怪的妆面啦。

胭脂涂好以后，这位美女要修饰她的眉毛啦。唐朝美女画眉用的是一种青黑色的颜料，叫作黛。注意，这位美女在画青黛以前，是要把自己的眉毛全部剔掉的。她的眉毛要画成什么样呢？唐代的眉形那可多了去了，什么鸳鸯眉、小山眉、分梢眉、拂云眉……多达十来种，但最流行的还是长眉毛，长长的像柳叶一样，“芙蓉如面柳如眉”嘛。

除了傅粉、涂红、画眉毛以外，诗里面的这位唐朝美女还有一个“施圆靥”的动作，这个需要重点解释一下。唐朝美女化妆，比现代人多了一个程序，就是要在嘴角两面点上红、黄的斑点，形状有的像月亮，有的像钱币，但无论哪种样式，点在嘴角都显得那么妩媚动人。

这首诗是元稹的《恨妆成》，他为我们描写了一位大唐美女化妆的全过程。那么，唐朝女人化好的妆容是什么样子呢？一起来欣赏下吧。

晓霞妆

晓霞妆的原创人不在唐代，而在三国时期，是魏文帝曹丕的妃

鎏金鹦鹉卷草纹云头形银粉盒。
陕西省西安市蓝田县杨家沟出土，
陕西省历史博物馆展出。

子，名叫薛灵芸。薛美女心灵手巧，很受曹丕的宠爱。有一天傍晚，她来看曹丕，一不小心撞到了屏风上，脸上出现了一道微红的淤血，衬着美人雪白的面颊，像是霞光一样好看。曹丕一见，喜欢得不得了。从此，这道淤血一样的妆容就在宫里流行开了。宫女们模仿薛美人脸上的瘀伤，用胭脂在脸上斜斜地画一道，还取了个好听的名字，叫作“晓霞妆”。

晓霞妆虽然起于三国，却在唐朝才开始大行其道。唐朝美女的化妆技术精湛，把这个由瘀伤演化而来的妆面化得有了更加逼真的效果，从太阳穴以下，慢慢地洇染成血一样的感觉，很像今天流行的“伤痕妆”。

落梅妆

落梅妆的始创人是南北朝时期的一位公主。这位公主非常喜爱梅花，有一天赏梅赏得累了，就躺在殿前休息。结果一朵梅花飘飘悠悠地落下来，正好落在了公主的前额上，留下了一处淡红色的梅花形印迹。公主醒来以后，周围人都觉得这个印迹简直为公主本就美丽的面容又增色不少，公主自然高兴，于是后来在化妆的时候，就特意在前额加上一朵小梅花。从此，这“落梅妆”便开始流行起来了。

到了唐朝，落梅妆的形式变得更加丰富起来，不仅材质五花八门，样子也是花草鱼虫无所不有，并且有了一个新的名字，叫作“花钿妆”。

泪妆

要说泪妆，就得先说说杨玉环的姐姐虢国夫人。有一首诗说："虢国夫人承主恩，平明骑马入宫门；却嫌脂粉污颜色，淡扫蛾眉朝至尊。"虢国夫人经常素面朝天地就骑着马入宫去见天子了，这也是因为人家有资本，和她妹妹一样天生丽质，所以对于其他人的浓妆艳抹，虢国夫人压根看不在眼里，只在脸上施些素粉就出门了。

这种妆容与当时浓妆艳丽的女人站在一起，自然显得苍白，给人一种情绪低落甚至有些哀伤的感觉，这大约就是"泪妆"这个名字的由来。不过，这种妆容看起来楚楚可怜，另有一番动人的效果，所以一度很是盛行，就连杨玉环也喜欢化这种妆。

酒晕妆

这个妆面从字义上大概就能知道它的样子了，没错，看起来就像喝醉了酒一样，在脸上有一片红红的酒晕，很惹人怜爱。

这种妆容不仅在当时很受欢迎，即使是今天，也并不落伍。并且根据胭脂所用的浓淡，又分桃花妆与飞霞妆，桃花妆较酒晕妆要淡一些，而飞霞妆则如红霞一般，是很艳丽的一种妆容。

时世妆

白居易有一首诗，诗名就叫《时世妆》，他在诗里描写这种妆容："时世流行无远近，腮不施朱面无粉；乌膏注唇唇似泥，双眉画作八字低；妍媸黑白失本态，妆成尽似含悲啼。"

对于这种妆面是什么样子的，老白似乎说得非常明白了。不用胭

宋徽宗临摹的唐张萱《虢国夫人游春图》。辽宁博物馆藏。

天水摹張萱虢國夫人遊春圖

脂不施粉，黑嘴唇，八字眉——所以老白说“妆成尽似含悲啼”，实在是不怎么好看。这种时尚之风前卫到即使是今天的女孩子估计也很难接受，实在是一种大胆的创意，值得化妆界的后人们好好研究学习。

血晕妆

如果说“时世妆”里的黑嘴唇、八字眉已经算是唐代女性够大胆、够任性的一种妆容的话，那么血晕妆简直就是近乎疯狂了。“妇人去眉，以丹紫三四横约于目上下，谓之血晕妆”，先把眉毛剃光，用红色或紫色在双眼上下画出三四条弧纹，完全是一副遭受家庭暴力的样子。这大约可以算是大唐女人在化妆术上寻奇求异、变化无常的巅峰之作了。

现在的你纵然再有创意，再喜爱玩新奇，你有胆子化血晕妆出门逛街吗？但大唐的女人们敢。她们玩时尚也真是玩得登峰造极了。

谁还没几样拿得出手的首饰？

如果你以为，头发梳过了，妆也化好了，大唐美女就可以出门了，那你可就想错了。大唐美女都是慢性子，在装扮自己这件事情上，她们是绝不会马虎的，总得再选几样合适的首饰戴上才出门吧。

“去把我的百宝箱抱来吧！”

唐朝女人的百宝箱里，可真算得上琳琅满目了。这不光是因为唐朝女人的经济宽裕，也跟她们良好的文化教育背景以及审美情趣有

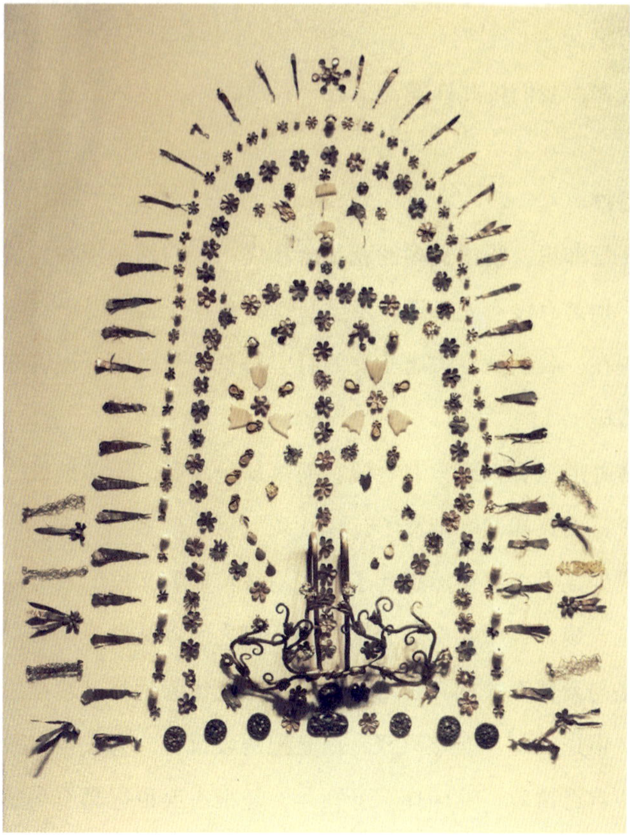

唐女子头饰。西安咸阳机场贺若氏墓出土，陕西历史博物馆展出。

关。所以，唐朝女人的首饰大都做工精致，且花样繁多。头发上有簪、钗、步摇、梳、篦、珠花；脖子上有项链、项圈、念珠、缨珞；手臂上有臂钏、手镯等，不一而足，随随便便拿两件出来，都能让人目瞪口呆。

现在，我们挑几样发饰来看一看吧。

簪钗

在发饰里，听得最多的就是簪和钗，它们都是别在发髻间的一种装饰。但是有没有人知道，发簪与钗到底有什么区别呢?

现在，我们就在大唐美女的百宝箱里，分别取一支簪和一支钗来看一看吧。

从外形上看，簪只有一股，而钗却是两股。简单地说，簪就像一根筷子，而钗却像一把叉子。

说到这里，我突然想起了白居易《长恨歌》里的那一句："钗留一股合一扇，钗擘黄金合分钿"来。钗之所以被做成两股的形状，大约真是与爱情有关的。古时候女子常把钗作为信物，转赠给自己的心上人，但送的却不是整只钗，而是把两股钗一分为二，一股赠对方，另一股自己留着。这叫作"分钗"，是很古典也很具有美感的一种赠别方式。

唐朝初期的簪钗长度还都比较短，但到了盛唐以后，随着高髻发式的流行，簪钗的长度也越来越长，有的长度竟达30多厘米甚至40厘米。如此长度的簪钗，除了与当时流行高髻的发式有关以外，跟簪钗的佩戴方法也有关系。据说初唐时期的美女们习惯把簪钗深深插进

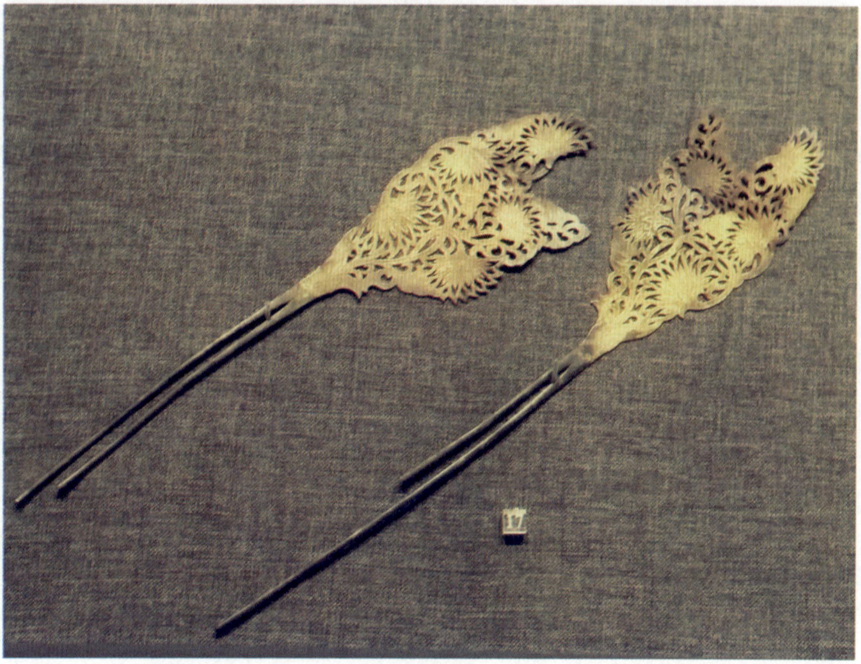

鎏金蔓草蝴蝶纹银钗（唐代）。陕西省
历史博物馆展出。

发髻里，只留一个钗头在外面，但是到了中晚唐以后，却喜欢把一截钗身与钗头一并露在发外，这样似乎要更好看些。

步摇

步摇是簪钗的另一种名称，但听起来远比簪钗有动感，因为下端缀有细长的珠翠，随着脚步的挪动会一走一摇，所以就叫作“步摇”。步摇是个奢侈品，因为那摇曳生姿的珠翠可不是普通家庭所能拥有的。据说唐玄宗就曾送给杨玉环一支金步摇，是用上等的镇库紫磨金（紫磨金是黄金中的上品）制成，戴在杨美女的鬓间，真是妩媚生姿，难怪“从此君王不早朝”了。所以，后来有人将这金步摇与胡服曾并列为大唐的“妖服”，实在是美得有些迷惑男人的心啊。

梳篦

梳，就是梳头的梳子。篦，现在见得少了，虽说和梳子的作用差不多，但齿儿比梳子更细更密，我小时候在乡下还见到有奶奶辈的人在用。那时候人们很少洗头洗澡，常用篦子篦头发，用来去垢止痒。

但在大唐，尤其是到了晚唐，梳和篦却都成了发饰。有的单插一支在前额，也有单插一支于髻后，或者两支分插左右两侧，材质多为金或玉，做成半圆的形状，上面雕刻着花纹，做工相当考究。

梳篦做发饰在大唐的流行是渐进式的，一开始还只是女人头上一个小小的点缀，但到了晚唐时期，一度几乎到了可以取代簪钗步摇的地步。女人头上的梳子越来越多，有的时候甚至多达十几把，五花八门，插法各异，真如诗里所说“满头行小梳”了。

龟纹玉梳背（唐代）。

出土于陕西省西安市东郊韩森寨唐墓，陕西省历史博物馆展出。

欣赏完大唐美女的发饰，现在咱们来看看她们脖子上要戴的首饰。脖子上佩戴最多的是项链，这个过于普通，暂且不提，先看一种不常见的璎珞。

璎珞

璎珞不是中国的原创，它是由印度随着佛教一起来到中国的。有一点像现在常见的项圈，项圈底下会缀有串饰，这些串饰的数量有多有少，规格也有大有小。

所以，唐朝那会儿璎珞就被分成了两种，一种叫作短璎珞，很接近于今天的项圈，通常缀着一到三条的珠挂。但比起这些珠挂来，项圈上的雕刻其实更显功夫，因为通常这些圈体上的雕刻才是一个项圈装饰的重点部分。项圈上有的雕花，有的雕草，雕工虽然朴素，但功力不凡。

还有一种璎珞叫披挂式璎珞，从形状上看就显得夸张得多了。不仅长度过膝，形状也各种各样。有的是单肩斜挂，也有双肩挂的，还有的璎珞上的串珠会和臂膀上的臂钏连接在一起，不过，这一类璎珞却是只有佛才配得上的披挂，大唐的美女是绝不会戴这个的。

耳饰

现在来看看大唐美女的耳饰。很奇怪，大唐美女的百宝箱里，各种饰品都有，唯独少有耳环耳坠这一类，难道大唐美女都不戴耳饰吗?

有一种说法是，耳环和耳坠并不是中原女人的首饰，它们原属于少数偏远地区的妇女，而且它们最初的作用也不是用来打扮自己的。

事情是这样的。当初在母系氏族向父系氏族转变的过程中，男人经常会掠夺其他部落的女人给自己当媳妇，他们怕这些抢来的女人逃跑，就给她们的手、脖子、耳朵上挂着金属物，甚至给女人的耳朵上穿洞、挂上铃铛，防止女人逃跑。所以，今天的女人当作首饰来装饰自己的这些东西，在当时只是防止女人逃跑的工具。

秦汉时期，在中原地区曾一度流行过耳饰。《陌上桑》里的罗敷女不就是“头上倭堕髻，耳中明月珠”吗？但是到了六朝以后，中原女子就很少有再佩耳饰的，直到大唐时代，女人的百宝箱内也并不多见这一类饰品。汉族的美女真正开始流行用耳饰，是宋以后的事情了。

虽说在大唐美女的百宝箱里没有找到耳饰，但她们手上的饰品可不少，戒指、手镯太普遍了，就说一个现在不多见的臂钏吧。

臂钏

说臂钏以前，先来说说钏。钏，其实就是镯子。臂钏，当然就是戴在臂腕上的镯。现代女孩子一般不用这样的首饰，但它在大唐却特别流行。它还有一个非常形象的名字，叫“缠臂金”，少的戴一圈，多的有三圈五圈，甚至还有十几圈的。臂钏缠在手臂上，环圈由大到小排得整整齐齐，看起来十分富贵的样子。

香囊

最后说的是香囊。现代人不识货，常把它叫作香炉，它是当时唐

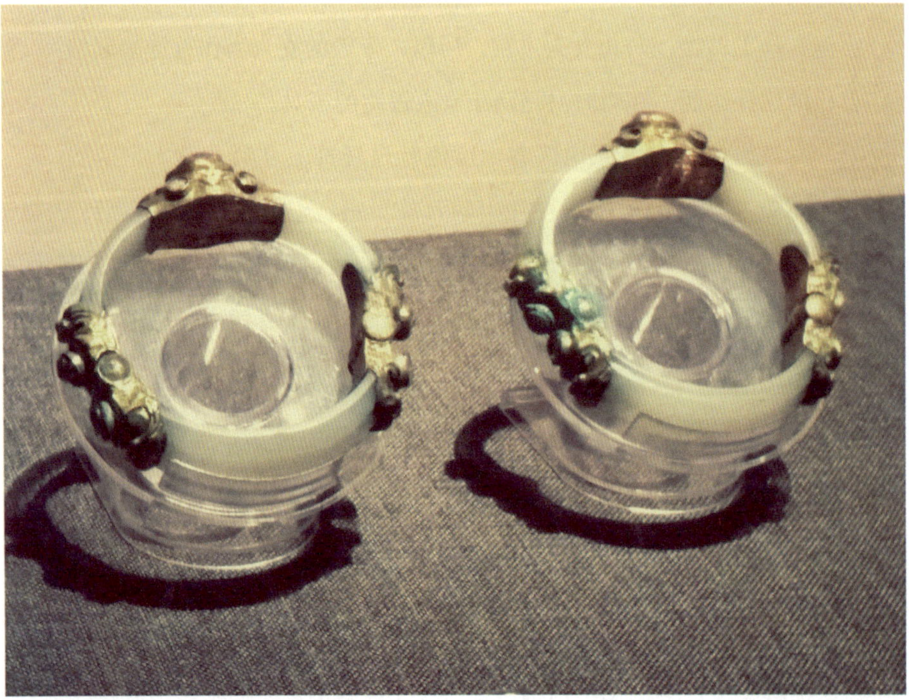

鎏金铜兽首铰链玉臂环（唐代）。
西安市何家村出土，陕西省历史博物馆展出。

唐镂空飞鸟葡萄纹银香囊内部结构

朝美女们随身携带的一件小饰品。杨玉环死在马嵬坡的时候，唐玄宗心里难受，给她的陪葬里也有一只香囊。可见在大唐，香囊的确是很受美女喜欢的一件饰品。

金属材质的香囊，会系在唐代美女的裙摆上或是帷帐上，既能驱虫去秽，也可随时散发出一种清香。

香囊的工艺非常讲究，多为银制品，以中部水平线为界平均分割成两个半球形，上下球体之间用子母扣套合。香囊最大的绝妙之处，在于无论球体怎么晃动，里面的香盂都能始终保持平衡，使放在其中的香料不会洒出来。这种设计在一千年以后，才被西方运用到航海上，也就是陀螺原理。这么高深莫测的物理学原理，竟然早在一千多年以前就被用在了大唐美女的首饰上，大唐人民的智慧实在是超前得不得了。

爱美，不是女人的专利

说了那么多关于美女的话题，大唐的帅哥们也许会有意见，因为在大唐，不仅女人爱漂亮，男人也很爱美。

说起男人的美，就不得不先提一个朝代，就是早于大唐几百年的两晋南北朝。

两晋南北朝是中国历史上一个非常特殊的时期，这一时期的人们好清谈，崇尚精神上的闲逸任达，这种风尚使得中国的美学意识前无古人。中国历史上几位非常著名的美男子，都出现在这一时期，比如潘安、卫玠、何宴。他们颠覆了中国历史上对于男性美感的认识，健壮挺拔已不再是美男的衡量标准，相反，这些人纤弱到如女子一样。

潘安不用说，先说卫玠。卫玠这个人长得太好看了，皮肤白得像玉一样，他只要一出门就遭围观，粉丝像潮水一样地涌着来看他，有如台湾的小鲜肉。可这个卫玠比林黛玉还要弱不禁风，常常被围观的人群搞得精疲力尽，最后活活累死了。这就是历史上非常有名的“看杀卫玠”。

这一时期的男子以其最美最弱的姿容，刮起了中国历史上一股柔弱的美男风，不过此风在将近两千年后的今天似乎又有盛行，“伪娘”一词便是为今天如卫玠一般的美男设计的。他们不同于关羽、赵云这样的汉子，反而具有一种如花美眷似的女性美，皮肤细白，身材纤秀，说起话来都温柔似水。

不过我们现在说的是大唐，大唐男人虽然没有延续两晋时期的柔美之风，但对美的追求丝毫不弱。有一个叫韦鉴的人，听说朋友新得了一位美人，就有点坐不住了，在家里先把自己上上下下捯饬一番，涂胭脂，抹口红，戴丝巾，一番精心打扮之后，就跑去和美人比美去了。

像韦鉴这样喜欢打扮自己的男人，在大唐男子中绝不是个例。唐朝是个开放的时代，不仅女人在穿衣打扮上颇费心思，男子也样样都不落后。因为政治与民风的开放，不仅女人喜欢着男装，男人们也常喜欢女人们的一些装扮，“妇人为丈夫相，丈夫为妇人之饰”，男人们“裹丝巾，抹胭脂，涂口红”在当时是一件很平常的事情。所以像韦鉴这样为去见一位美人而把自己像女人一般从头到脚捯饬一番的事，不足为怪。

除此以外，唐代的男子也是非常注意护肤的。

杜甫有一首《腊日》，其中写到“口脂面药随恩泽，翠管银罂下九宵”。他这首诗里提到的“口脂”和“面药”就是当时的一种护肤品，对于滋润皮肤很有效果，女人用，男人们也用。《岁时广记》中记录说，大唐的皇帝会定期分赐大臣们口脂面药，这不就是在鼓励男人们也要注意爱护他们的皮肤吗?

不仅如此，大唐的男子们还有一个很女性化的癖好，他们还爱在头上戴花。上至天子，下至黎民百姓，人人头上一朵花，这在当时绝对是件十分有品味的事情。尤其是有了喜事的时候，比方说新科进士的庆贺宴上，就有“簪花礼”的重要仪式，新科进士人人都以簪花而感到荣耀。过节了他们也簪花，卢纶的“茱萸一朵映华簪”，杜牧的“尘世难逢开口笑，菊花须插满头归”的诗，写的都是男人头上簪花的故事。还有一个故事，说的是汝阳王李琎在为唐玄宗表演羯鼓的时候，玄宗看得高兴，顺手就把自己头上戴的一朵花插到了李琎的帽子上作为奖赏。这真是上行下效，连皇帝都喜欢头上戴花，还常常把自己头上戴的花作为奖品赐给大臣们，你说，这长安城里的男人们能不喜欢戴花吗？

最后，咱们再来看一件大唐男人最前卫的事情——文身。

文身在唐代早就不是个什么新鲜事儿了，当时的长安、蜀都以及荆州的文身手艺是非常出名的，到处能见到文身工作室，文身成为一种时尚，甚至成为一种文化现象被远播日本与亚洲各国，可以说大唐的文身技术在当时可是引领着世界潮流呢。

无论是文身、簪花，还是涂胭脂抹口红，大唐男子们在注重这些外在美感的同时，也更加重视自身才华的培养。大唐之所以可以创造出那么辉煌的文明成就也绝不是靠好看的脸蛋取得的，这个道理无论是一千年以前的唐代还是今天的二十一世纪都同样适用。“颜值”是个很容易清零的东西，只有学到手真本事，才不会随着岁月的风消逝，相反，还有可能越老越吃香啊。

婚恋篇

第三部分

第六章

让我们恋爱吧

“让我们恋爱吧！”

这是不是很甜蜜、很感人的一句话？举个手来看一看，谁对他（她）说过这句话，又有谁听他（她）说过这句话？别不好意思，只要确认过眼神，遇上对的那个人，干吗不说这句话呢？这世上难道还有比恋爱更让人感到甜蜜的事情吗？为什么要扭扭捏捏呢？又不是古代闺阁里的大小姐。

古时候的青年男女之间是没有恋爱可谈的，到了男大当婚女大当嫁的年纪，自然有父母做主，请个媒婆，找个门当户对的人家，把日子敲定，然后三聘六礼，然后拜堂成亲，等入了洞房掀了盖头，俩人可能才见第一面，是光脸还是麻子，都没有“退货”的机会了。

但唐朝却是个例外。唐朝的青年男女在婚恋问题上所享有的自主权，在中国整个封建时代都很少见，这是为什么呢？

唐代是个民族大融合的时代，那些马背上长大的民族，没有受到汉儒的教化，辽阔的草原给了他们粗犷率真的性格。在他们的社会中，有很多地方还保留着原始的母系氏族社会的味道，女性的地位非常高，她们也从没有像汉人妇女一样受到那么多的礼教约束。

当这些民族兄弟骑着他们的马儿进入大唐以后，他们的文化风俗也跟着一起来了。在这种风俗的影响下，大唐的女子一改往日大汉民族那羞羞答答的女性美。她们率真、果敢，体现在爱情观上，要是看上了哪个男人，再也不会欲说还休地藏在屏风背后偷偷惦记了。

当然，这首先是因为整个大唐的社会氛围允许女性这种爱情自由主义的存在。唐朝是中国历史上经济文化极度繁荣发展的时期，文化越是发展，思想越是解放。举个例子，《唐律·户婚》里有一条规定："诸卑幼在外，尊长后为定婚，而卑幼自娶妻已成者，婚如法。"什么意思呢？就是说，即使子女未征得家长同意而建立婚姻关系的，也能得到法律的认可，受法律的保护。

在这样的国家政策之下，大唐的青年男女在很大程度上，便享有婚姻的自由了。

王子与公主的爱情，那是个童话

说到爱情，最美妙的莫过于王子与公主，好像他们天生就应该在一起。当然如果王子爱上了灰姑娘，那也是个美丽的童话。不过在大唐，这样的童话发生的机率却非常小。为什么呢？因为唐朝的皇室贵族，非常看重门第。一个裁缝店老板的女儿，想嫁给唐朝的一个贵族，基本上是白日做梦。

当然，凡事都有例外。唐朝还真有这样的女孩儿把这个白日梦做成了，这人就是武则天。

武则天是真的嫁给王子了，而且后来还干脆自己当起了皇帝。说起来，武则天的出身还真不怎么高贵，他爸早前是个卖豆腐的，后来靠做木材生意发了家。从某种角度上说，武则天也算是个富二代，但在门第观念十分盛行的大唐初年，这个出身可并不怎么能拿得出手。

唐朝那会儿的门第观，不是说谁家有钱，谁家的官做得大，谁家的门楼就高不可攀，唐朝的贵族，得从魏晋南北朝那会儿说起。

魏晋是个特别讲门阀的时代。

什么是门阀呢？门，就是门第；阀，就是阀阅。简单说，就是政绩、功勋与经历。魏晋时期特别讲这个，世代为官的便是门阀很高的人家，在社会上很有影响力，他们自己也觉得自己很牛，一般人压根瞧不起。

这风气从南北朝经短暂的隋朝，一直延续到了唐朝。虽然当时的门阀大族已经衰落，基本上在朝里也无官可做了，但势却没有倒，在社会上的名望依然很高，所以他们压根就不把唐朝的新贵放在眼里，动不动就会把老祖宗摆出来说，“我家祖上在汉朝的时候就怎么怎么样，你家兴起来才几天？”在他们看来，唐朝的新贵，个个都是暴发户。

但暴发户却很看得上这些旧势力的门第，整天上赶着要和这些旧势力结亲。谁家娶媳妇，都以娶了旧贵族家的千金而自豪。谁家嫁女儿，都想把女儿嫁给旧贵族的儿子，好沾贵族亲戚的光。在这种风气之下，武则天一个木材商的女儿，硬是从一名小小的才女，一步一步拼杀成唐朝政治的巅峰人物，绝对不是只靠颜值就可以做得到的。只是这位女皇的出身的确不怎么给她撑面子，那个靠木材发家的父亲，也没少让她受到宫里人的嘲笑。别说大唐的那些旧贵族瞧不起武家，就连突厥的可汗也不把她这个“武”字放在眼里。有一次这位可汗来和大唐求亲，一看来相亲的是武家的子弟，就不干了——“我女儿要嫁的是大唐李氏的子孙”。瞧，这得让武则天多没有面子。

尽管自己吃够了出身的苦，按说到了儿女婚事上，她总该开明一些吧。可她不，虽然我出身不好，但我的女儿可都是金枝玉叶，虽然不能再嫁个皇帝，但至少在门第上不能受委屈。

所以，太平公主下嫁薛绍那会儿，还没有过门子，武则天就下了旨意，让薛家把前面的媳妇们先休掉。这些媳妇是薛绍的嫂嫂，娘家的门第都比较低，在武则天眼里，她们怎么配得上和自己家的公主做妯娌?

从这点上来看，就能知道，唐朝的贵族婚姻中，门第是先决条件，门不当户不对的，一切都免谈。

不过话又说回来，武则天千万不要以为，她的宝贝女儿真就那么受欢迎。虽说“皇帝的女儿不愁嫁”，但这话在大唐公主的身上一点儿都不灵验，相反，唐朝的诸位公主们，常常都面临无人敢娶的尴尬。

为什么呢?

虽然大唐贵族之间联姻看重的是门第，可是人品也很关键。大唐的这些公主们，一个个骄纵不逊，生活作风严重有问题，最重要的是，还特别不懂规矩。《醉打金枝》的故事大家都应该听过，讲的就是那个十分刁蛮且不懂规矩的升平公主。升平公主是唐代宗的女儿，嫁给了大将郭子仪的儿子郭暧。这一天，郭暧的老母亲过生日，全家都去叩头贺拜，唯独升平不去。升平觉得自己是堂堂大唐的公主，金枝玉叶，凭什么给你一个老婆子拜寿？大唐的公主就这么牛。

这么难伺候的儿媳妇，谁家敢要呢？因为谁家娶媳妇，不想要个品行好点儿的女孩子呢？

除了门第、品行，唐朝人的婚姻观里，还有一项关键的衡量标准，那便是家底。

这话没毛病，现代的丈母娘挑女婿，还要先问有没有车，有没有房，银行存折上面排了几位数，何况是唐朝的那些贵族呢？

唐朝的贵族之间论婚姻常讲门第，因为像这些人家那都是名门望族，人家讲得起门第。但也有一些人是后起之秀，墙新树不老，他们虽然也在朝廷里做了高官，但那些老贵族却依然看他不起。举个例子，武则天时期的宰相许敬宗，就是从一个小小的别驾爬上来的，他的儿女想要跻身大唐根深蒂固的贵族之家，那还是有些难度的。怎么办？像这一类人家，既然门第攀不上，关于婚姻，他们的主张就是多捞些钱。

许敬宗为了能在儿女的婚姻上多捞些钱财，先是把女儿远嫁到了岭南的冯家。要知道，那会儿的岭南，在长安人的眼里可是蛮夷之地呀。但冯家有钱，而且好歹在岭南那也是有头有脸的人家。这也就算了，二女儿嫁的钱家是个啥出身呀？钱家的祖宗以前就是李渊身边的一个奴仆，但后来发达了。许敬宗把女儿嫁给钱家，不知道挨了多少人的骂，但他也得到了不少的钱呀。

像许敬宗这样收取大量钱财嫁女儿的事情，在当时的大唐上层社会非常盛行。不光娶老婆要花钱，有的时候，嫁女儿的嫁妆也贵得惊人。这在当时有个专属名词叫作“陪门财”。谁来出这个陪门财，谁又来收这个陪门财？这当然就要看是谁要攀附着谁来结这门亲了。你既然想要凭儿女婚事攀高枝，那也就只好多使些“陪门钱”了。所以，在唐朝上层社会的婚姻里，钱也很关键。

但无论是门第观还是陪门财，那都是有钱有势的人家的婚姻观。他们在大唐的整体社会里毕竟不是大多数，大多数还是普通百姓家儿女们的婚姻。普通人家既然没有什么门第，也就不需要攀比，既然大家都不是什么土豪，那就讲点情义。所以，大唐民间的婚姻爱情反而显得很纯粹，倒是常能看到些充满着浪漫和美好的爱情故事，也能体现大唐开放民风下的爱情择偶观。

自己的老公自己选

说爱情以前，咱们先来念首诗：“去年今日此门中，人面桃花相映红；人面不知何处去，桃花依旧笑春风。”这诗大家都熟悉，是崔护的《题都城南庄》。说的是有一年春天，崔护信马游缰到了长安城外，在一片桃园深处见到一处农院，忽然感觉口渴，便想去讨口水喝，于是遇到了美丽的绛娘。

绛娘生得像桃花一样好看，大约崔护也多看了她几眼，还暗送了些秋波，姑娘从此就动心了。

在爱情这个问题上，男人和女人的差别，总是女人一旦爱上了，他就是她的全世界，而男人即使爱上了，她也只是他世界里的一部分。桃花树下两人别过以后，绛娘对崔护可就放不下了，日日相思夜夜想念，从春天到夏天，再从秋天到冬天，却再也不见了崔护的身影。

崔护去干吗了？崔护离开绛娘以后，就回到了他自己的世界，读书，科考，闲的时候和朋友喝个小酒，聊一些文艺，很快就把绛娘忘到脑后了。

直到第二年，看到长安城里的桃花又粉嘟嘟地开满了春天的时候，崔护忽然想起了那个他曾经见到过的和桃花一样可爱的女子。这一想起就搁不下了，他总觉得那姑娘还在他眼前晃来晃去的，于是打马挥鞭又来到了城外，找到了那片桃林，又看到了桃林掩映下的那家农院。

不过这一次，院里却空无一人。崔护等到太阳下山也没有见到绛娘的影子，于是便留下了那首诗，失望而归。

这一次寻美人而不遇，令崔护的心再也无法平静，他从此整日对绛娘念念不忘，几乎到了茶不思饭不想的程度。又过了些日子，终于难耐相思，他再一次来到了那座农院，可谁知命运弄人，这一次他见到的，却是绛娘的尸体。

自前一年崔护离开以后，绛娘便对他日日记挂，时刻不能相忘，整天盼着能与崔护再次相见，可偏巧那一天崔护来了，她却正好去了亲戚家。绛娘回来后，见到了崔护题在门上的诗，又悔又急，就病倒了。相思本就使人愁，再加上这姑娘可能心病实在太重，没几天工夫，就香消玉殒了。

崔护听绛娘的父亲哭着向他诉说了这一切，肠子都要悔青了，他抱着绛娘还有余温的身体大哭不止。说也奇怪，大约老天爷真是有心要成全这一对，在崔护寸断肝肠的哭声里，绛娘居然缓缓地睁开了眼睛——她又活了过来。

崔护欣喜若狂，欢欢喜喜地就把绛娘娶回家了。

故事讲完了。从这个故事里，我们可以看出绛娘正是待字闺中的年纪，她对崔护一见钟情，从此念念不忘。她的老爹爹其实是很尊重她的这份爱情的，并没有像很多虐心剧里演的那些迂腐的老爹一样，因为怕女儿搞出什么伤风败俗的事情，就赶紧把她嫁掉。绛娘的老爹爹是一直在陪着女儿等崔护的，这样的老父亲，在一千多年以前，的确是相当开明、前卫了。

这是大唐平民之间的爱情，像这样的爱情在大唐民间可不是仅此一例。绛娘是土生土长的长安姑娘，有点陕西人的一根筋，爱上了九头牛都拉不回来。而江南的小晁姑娘，同样也是个花痴。

晁姑娘芳名晁采，家住江南。与绛娘农家姑娘的出身不同，晁姑娘生在书香之家，从小就舞文弄墨，很有些文采。她们家隔壁住着一户姓文的人家，文家有个男孩子，与晁采从小一块长大，是真正的青梅竹马。重要的是，两个人都是文青，平时没事就爱对个联和个诗啥的。随着年纪一天天长大，这俩人就开始眉目传情了。

有一天，晁姑娘家里种的莲花结了籽，姑娘偷偷地摘了几颗派小丫鬟给文哥哥送去，还悄悄地写了句话说："吾怜子（莲子）也，欲使君知吾心苦耳。"这是多么含情脉脉的表达呀。

小哥哥立即心领神会，感动得小心脏扑突突得乱跳。他把莲子种在庭院里，后来居然长出一朵并蒂的莲花。这兆头太好了，他赶紧跑去找姑娘表爱心，俩人就私定了终身。

姑娘的妈妈是个和绛娘的父亲同样开明的家长，既然你们两个都好上了，看起来也是郎才女貌，我还能有啥说的呢?

在唐朝的百姓间，因为没有权势与金钱的交易，男女之间的爱情往往显得纯真而美好。像崔护与绛娘，晁采和文郎，他们都是两情相悦，最终结为了眷属。说到这里，我又想起了一个爱情故事，说一个小伙子在街上遇到了一个卖香粉的小姑娘，一眼就喜欢上了人家。于是就天天都到人家的摊子前买香粉。买得多了，姑娘就问他，你天天买粉，都给谁用呀？小伙子会说话，说："我喜欢上了一个人，为了见她，只好天天买香粉。"

姑娘一听，心里马上就乐了，原来她也早就喜欢上了这个小伙子。在大唐，爱情来得就这么简单。

民间的这股自由的爱情风，对于大唐的上层社会也逐渐产生了一些影响，虽然门第与金钱的观念依然盛行，但有些父母也会考虑在门第相当的家庭里，让子女们自主择偶，其中最有名的，就要数李林甫了。

李林甫给他们家客厅的墙上开了个小窗，只要有青年才俊来家里做客，他就让女儿站在小窗前偷看，看上了就是他们家的女婿。不过李林甫叫来的这些小伙子，个个可都是有家庭背景的，至少也是个新贵族，比如新科状元啥的，平头百姓是绝不可能成为宰相家的女婿候选人的。王宝钏与薛平贵的爱情就是个例子，什么家底都没有，还想和宰相家的千金谈恋爱，那还是有困难的。

说点儿不太好意思提的事儿

这点儿不太好意思提的事儿与性有关。

唐朝是个性相对比较开放的时代，对于中国直到改革开放以后，才逐渐不再被人们看作是生活作风问题的婚前性行为和婚外恋情，在唐朝的时候根本就不算个事儿。

大家一定听说过《西厢记》里的崔莺莺。

崔莺莺其实是唐代大诗人元稹的小说《莺莺传》里面的人物。不是所有的人都知道元稹，但要是提起那一句“曾经沧海难为水，除却巫山不是云”来，那可就几乎是无人不知了。这首诗是元稹写给他老婆韦从的，怎么听都是一片情深似海的样子，谁读了不说元稹是个多情郎呢?

实际上，元稹还真不怎么厚道。不信听我给你聊一聊。《莺莺传》是元稹的原创，几乎是部自传体小说，后来被元朝的王实甫改成了《西厢记》，但情节已大变。元稹小说里的崔莺莺后来并没有和张生花好月圆，而是被始乱终弃，后来只好另嫁了他人。而张生看上了京城丞相家的女儿，跑去攀高枝儿了。

张生的人物原型就是元稹，小说中“莺莺”的原型，是他在韦从之前的恋人。他在抛却这段感情之后，还利用这段感情在他的文学之路上赚足了人气，留下了这部经典的《莺莺传》。

重点不是元稹，咱们今儿要聊的是他塑造的崔莺莺。从元稹的小说一直到元代王实甫的戏剧，这个多情的女子在经过了将近一千年的时间以后，虽然结局从不幸被抛弃变成了有情人终成眷属，但爱情之初她主动向张生投怀送抱的情节却始终没有改变过，这位千金抱着她的小枕头，在丫鬟红娘的搀扶下大大方方地上了张生的床。

说到这儿，好多人会不信，古时候的女人多保守，万喜良不小心瞧见了孟姜的一只手腕，孟姜就得非他不嫁了，这是多么严格的封建礼教啊，怎么崔莺莺就能大大方方地和张生未婚同居呢？

那是因为在唐代，女人的贞洁观念其实是非常淡薄的。

“贞洁”二字是孔孟之道强加给女人的，尤其到了宋明理学以后，更是大行其道。但大唐的女人受“胡风”的影响，把贞洁看得并不是那么重，社会也从不要求她们持有贞洁观。不信咱们就看看唐朝的皇帝们，李治娶了自己老爸的女人，李隆基娶了自己儿子的媳妇，一个个还都爱得死去活来的，压根没有想过她从前是属于另一个男人的。

所以，崔莺莺趁着夜深人静，由红娘陪着到了张生的小屋，这个情节被写进元稹的小说里能得到社会的承认，说明这点儿事在唐朝根本不算个事儿。

大唐的男人没有“处女情节”，不仅像莺莺这样的婚前性行为非常普遍，即便是婚内出轨，在大唐往往也都是睁一只眼闭一只眼，夫妻两个人似乎心照不宣，各玩各的，谁也不太干涉谁。

武则天的儿子李显，大家都知道，是个倒霉的儿子，没当几天皇帝，就被老妈武则天收了皇权，赶到房州去了。李显跟他老婆韦氏在房州过的日子和普通老百姓没啥区别，韦氏天天发脾气抱怨，天天做着有朝一日重回皇宫的美梦。李显也想回长安，从小在皇宫里长大的人，咋可能甘愿住在房州这种地方？于是李显就给韦氏说：“一朝见天日，誓不相禁忌。”意思是，有朝一日咱要是真的过上了好日子，咱俩谁都不要管谁，就可着劲地玩。

这话后来真的应验了。李显又回到了长安当皇帝，韦氏荣升皇后宝座。韦氏找情人，李显装作看不见。

还有更绝的。唐朝第一美女杨玉环有个兄弟，叫作杨国忠，家里的姊妹一得势，他从此也就成了人上人。有一次，杨国忠到江浙出差。江浙那是什么地方啊，风景如画，美女如云，杨国忠便多玩了一段时间。这一玩可不要紧，他们家后院出事了。什么事儿？他老婆怀孕了。孩子是谁的？甭管谁的，反正不是杨国忠的。

等杨国忠从江浙归来，一看老婆的肚子怎么大了？杨夫人手不抖，心不慌，反倒深情款款，满面泪痕，拉着杨国忠的手说："我想你想得简直不行了，天天晚上做梦梦见你。不光梦见你，还梦见和你共赴云雨。然后，就怀上了。"

这样的鬼话，杨国忠真的信吗？他又不傻，他也只是懒得再管这事儿了。要真把那顶绿帽子明晃晃地给找出来，面儿上也不好看啊？既然是梦里怀的，那就梦里怀的吧，反正你跟别人怀孩子的时候，我在外面也没有消停过嘛。

所以，唐朝的婚姻制度虽然提倡一夫一妻制，但其实，婚外情却屡见不鲜。大唐的风气之所以能够容忍这样的现象发生，和唐代开国之君带来的胡人血统有关，因此整个大唐的中前期，大家就是这么乱，连皇帝老儿也没办法管。

第七章

亲爱的，我们结婚吧

无论古代还是现代，结婚总是一个人一生中非常重要的一件事。也不知道是出于什么原因，总觉得现代人结婚似乎越来越难，我身边三十好几的大姑娘小伙子一群一群的，还都耍着单。有的说媳妇不好找，有的说没有钱养家，还有的说，结婚干啥，一个人过得不是也挺好?

听了这话，我可就有点着急了。你这话也就是放在现代说说了，要是敢往回倒个千八百年的，活在大唐，那你有可能就是犯了抗旨不遵的大罪。

这话还真不是吓你，关于劝告市民朋友们早点结婚生孩子的事情，大唐的皇帝那可是下过诏书的。《令有司劝勉庶人婚聘及时诏》上说得明明白白："男年二十，女年十五以上，及妻丧达制之后，孀居服纪已除，并须申以媒媾，命其好合……"意思就是说，男子的年龄在二十岁、女子年龄在十五岁以上，以及死了配偶服丧期满的，就要赶紧给他们做媒，让他们结婚生孩子吧……看到没有，连皇上都在为这些剩男剩女们操碎了心。

你也就是生在现在了，如果你生在大唐，二三十岁的大姑娘小伙子还不找对象，连你的父母官都得跟着遭殃，因为《令有司劝勉庶人婚聘及时诏》上面还说：“刺史县令已下官人，若能使婚姻及时，鳏寡数少，户口增多，以进考第。如其劝导乖方，失于配偶，准户减少，以附殿失。”这又是啥意思呢？这是说，如果你到了岁数不结婚，就会直接影响到你们当地父母官的仕途。他们如果能让你们一个个都早早地结婚生孩子，那就能升官，反之可能就要挨板子了。

这下是不是觉得，结不结婚，生不生孩子，再也不是自己一个人的事情了？准备好了吗？赶紧找个媳妇吧。

婚前几件事，一样也不能少

找媳妇是件大事，虽说有皇帝老儿和地方官儿催着，那咱也不能太着急，该走的程序，该办的手续，可是一样都不能少的。

首先，第一步，得先有个媳妇呀！

是的，现在你就看上了邻村东街王大妈隔壁二楼东户李婶他们家的四姑娘。借问一句，你俩是自由恋爱的，还是别人介绍的？

不重要。

无论你是自由恋爱的，还是别人介绍的，既然到了谈婚论嫁的这一步，那就一切都得按规矩来。这个时候，你婚姻当中最重要的一个人应该出现了，他就是媒人。

不管你和你未来的老婆是如何走到今天这一步的，既然要谈婚论嫁，彩礼、婚期之类的你来我往，可不是单凭你俩的爱情就可以解决的。得有个中间人替你们传话，省得两家人面对面，有些话不好意思开口。

所以，媒人就这样出场了。

媒人得是男方家里人找的，他得精于此道，最好有丰富的媒界经验、有无数成功的案例才好。你们家给他准备好四样礼，他把自己打扮得周周正正的，先到姑娘家里去提亲。姑娘家如果答应了，这事儿就成了；如果姑娘家不同意，那就完了，甭管你俩多相爱，这事儿也得黄。这是第一步，叫“纳采”。

纳采如果一切顺利，你俩就得对八字，同时也让媒人帮着你们家看看姑娘长得咋样，身体健不健康，家里人都怎么样，同时也得把你们家的情况一五一十都交待清楚了。这叫作“问名”。

两家情况都知道得差不多了，八字也看过了，一切都没有问题了，你们家里可就要忙活了。首先得把祖宗的牌位请出来，告诉祖宗你要娶媳妇啦。然后再通知女方，说咱这事儿就算是订下了。这个环节相当于现在说的订婚，那时候叫“纳吉”。纳吉这个程序走完，你们两个人的婚事基本就算是定下了，轻易不可以反悔。

既然婚都已经订了，那么就该到了送聘礼的环节了，这在当时叫“纳征”。这个环节非常重要，咱们可得好好聊一聊。

纳征真正的含义是，婚事已经定了，男方要正式派个使者到女方家，一方面把聘财（聘礼）送到，另一方面，就是把婚书送过去。

先来说聘财。

前面说过，唐代官宦人家的孩子们结婚，财礼可是个大手笔，好多人靠这个手段来敛财，形成了非常坏的风气。所以逼得政府不得不下了一道关于规定彩礼数额的命令，如三品以上的家庭彩礼不得超过三百匹，四品五品不得超过二百匹，六品七品不得超过一百匹，八品以下不得超过五十匹等。不过政策虽然这么规定，但执行起来却往往又是另一回事。现在也常常号召要遏制不良婚俗，但好像有些地方的彩礼，是要论斤称人民币的，这自古有之的陋习，让皇帝都头疼。

除了彩礼以外，纳征带来的还有一样东西，叫婚书。

唐朝没有民政局，没人给你们两个即将要走入婚姻殿堂的年轻人发个红本。但唐朝的婚姻同样也是很神圣的，凡是下了聘礼，定了婚书的婚姻，都能受到法律的保护。所以唐朝的“婚书”，就相当于现在的结婚证。来看看那时候“结婚证”上的文案：

（某）自第几男（或第［弟］或侄，任言之），年已成立，未有婚媾。承贤第某女（或妹、侄女），令淑有闻，四德兼备，愿结高援。谨同媒人某氏，敢以礼请，若不遗，伫听嘉命。某白。

这就是唐朝婚书的格式，意思是说我们家里第几个孩子，现在已经成年了，但还没有婚配，听说你们家有个特别好的女孩儿，想和你们家结为亲家，愿不愿意的，您给回个话。

婚书写好以后，恭恭敬敬地放在一只小木函里，跟着你们家的彩礼，就一块到了你未来媳妇的家里。他们一旦接了婚书，这婚事就算没跑了。在法律上，这叫作“许嫁女已报婚书”，然后他们也要回你们家一封《答婚书》：

（某）自第几某女（或妹、或侄女，任言之），年尚初笄，未阚礼则，承贤第某男（或弟、或侄），未有伉俪，愿存姻好，愿托高援，谨回姻媒入某氏，敢不敬从。某白。

他们的意思是说，我们家的女儿也到了该完婚的年纪了，还没有婚配，听说你家孩子不错，我跟媒人回话，我们家同意这门亲事。这事儿就板上钉钉了。

纳征的程序完成以后，就得请人来占卜吉日准备完婚了。不过，在定这婚期之前，最好先到人家姑娘的家里去征求一下对方的意思。但多数情况下女方不做这个主，日子还是得你们男方来定，定好了以后再通知女方。用大红纸写上迎亲的日子，上人家姑娘家里去。这叫作“请期”。

上面五个程序全部完成以后，就赶紧回家准备好接媳妇吧。等成亲的日子一到，就等着欢天喜地地“亲迎”吧。“亲迎”是最后一个环节。这一天，你可就要做新郎啦。

不过，你不要以为在唐朝当新郎倌是多么简单的事情。虽然谁都知道洞房花烛是人生一大喜事，可这喜来得有多不容易，怕是没当过新郎的还真是没有办法体会。什么叫痛并快乐着？在大唐当一回新郎倌，便知道了。

新郎，真不好当

天刚蒙蒙亮，太阳还没有露出它红红的大脸盘儿，你就必须得起床了，找人来拿你新郎倌的礼服——去接新媳妇喽。

等一下，你这也未免太耐不住性子了。在大唐，接媳妇可不是一大早，你就是再急，怎么也得等到太阳偏西了再说，因为古时候，接媳妇都是黄昏以后的事情。中国最早的百科全书《释名》里说得很清楚："婚，昏时成礼也。"大唐的《开元礼》里面也说："亲迎在初昏之时。"这规矩怎么来的呢？据说很早的时候，男人的老婆都是从别的部落抢来的，既然是抢人，总不能是在光天化日之下吧，天色将昏才好下手，因此，这个风气一直被延续了下来。今天，南方还有很多地方仍然是傍晚才接新娘子的。

好不容易在家里挨到了太阳将要偏西，先别急着出门，你这都要娶老婆了，这么大的事儿，一定得先告诉你的祖宗们一声。所以先把他们的牌位取出来，敬告"孩儿我今天要娶老婆了"。

得到祖宗们的默许，再听你老爹爹的话，"往迎尔相，承我宗事，勖帅以敬，先妣之嗣，若则有常。"意思是说，赶快去迎接你的贤内助吧，回来继承咱们的祖宗家业，要教导她谨守妇道，学习婆婆奶奶们的优良传统，千万不可以懈怠呀。"

这时候，你要恭恭敬敬地站在你老爹爹的面前行礼说："不敢忘命。"然后才能骑着马戴着花，领着迎亲的队伍，去你的老岳父家接媳妇啦。

你的老岳父特别讲礼数，站在他们家门口，对你礼让三先："请，再请，还请。"

你可一定要拿得稳一些，别人家一请，你就急急忙忙地朝人家家里冲，这也显得太猴急了些。他请，你辞，要推让一番："您请，岳父请。”然后再按捺着你扑通通乱跳的小心脏，赶紧进里面去见你的心上人。

可是也别太着急，要见新娘子，总得先拜拜人家家里的老祖宗吧。

还有一件事情，你看我都忘了提醒你。来接新娘子的时候，千万别忘记带一只雁来。大唐人讲究这个，因为大雁稀缺难得，又纯洁忠贞，可用来象征爱情。所以大唐人民结婚，带一只大雁作礼物，是必不可少的。这在当时叫“奠雁”。

奠雁的仪式在拜完祖宗以后，此时你的新娘子正坐在屏障的后头等着你呢。但是，你这个时候可还见不到她，只能把雁隔着屏障丢过去。不过不用担心，她可不会杀了这大雁，等你们完婚以后，这大雁一定是要被放生的，毕竟是你们爱情的象征嘛。但是如果你实在找不来大雁的话，那就带只白鹅吧，只要你媳妇家的那些个嫂嫂姐妹们好说话，鹅也是可以充当大雁的。

但往往，这些嫂嫂姐妹们都是最难缠的。在你还没有见到你的新娘子以前，估计得先被她们折腾得够惨。她们每个人的手上都拿着根竹棍子，可不是我吓你呀，那是专门为你准备的。你今天就要从人家家里娶走女儿了，她们当然舍不得，怎么说也得给你立个威，告诉你娶回去以后可不许欺负她们的宝贝儿。所以这些个竹棍子可就劈头盖脸地砸过来了，心软的做做样子，但也有真打的。在大唐娶亲史上，被砸晕的新郎绝不是个例，就是闹出人命的也不在少数。更有甚者，有一家姑娘要出门子，女婿高高兴兴地来迎亲了，却被这些嫂嫂姐妹们抬起来关在了柜子里，任凭新郎在柜子里怎么喊，外面的人只管一个劲地乐。本来是想拿新女婿开个玩笑的，结果却把女婿给闷死在柜里了。这个环节在当时叫作“下婿”，我看实在应该改称“吓女婿”。

如果你有幸平安无事地过了下婿这一关，你的新娘就要款款向你走来了。不过大多数的新娘子，这个时候全都变成了慢性子，磨磨蹭蹭地就是不肯出来。这你就又得费些心思了，总得说些能打动新娘子的话，让她好马上决定离开娘家跟你走。这个环节叫“催妆”。但你可千万别以为你说几句“我爱你”或者唱两句“死了都要爱”，就能把媳妇娶回家的。在唐朝，到了这个环节，你要是不会来几句诗，新媳妇还真就未必能高高兴兴地跟你走。

唐朝人都喜欢作诗，就连催妆都有催妆诗，“催铺百子帐，待障七香车。借问妆成未，东方欲晓霞。”“昔年将去玉京游，第一仙人许妆头。今日幸为秦晋会，早教鸾凤下妆楼。”这都是当时非常有名的催妆诗。没有这两下子，就赶紧恶补《唐诗三百首》吧，别到了新娘子的家门口才想起来临时抱佛脚，黄花菜都要被你搁凉了。

虽说催妆诗能把新娘子千呼万唤地催出来，这娘家人却还舍不得新娘子走，拦在轿子跟前惜别的话怎么说都说不完，养了十几年的姑娘，这一去就成别人家的媳妇了，娘家人舍不得也是可以理解的，所以就有了婚礼上的最后的一场仪式，叫“障车”，其实就是还要再难为一下新郎倌的意思。

只是唐朝的障车后来却演变为一种恶俗，甚至成为乡间无赖与地方官参与其中的敲诈勒索，更有甚者，不仅索要钱财，还把新娘也抢走了，这就有点要不得了。所以有很多官员便向朝廷建议一定要下大力气整治婚俗，不过似乎整个大唐时期，障车的习俗都未有太大的改观。所以要在唐朝娶个媳妇，不仅得挨得了打，做得了诗，有的时候，简直还得能冒得起险，舍得了财。你说，这在大唐，结个婚咋就这么不容易呢？

你是我的新娘

新郎倌你先别叫苦，你以为结婚这件事儿，不容易的就你一个人吗？你的新娘子其实也不比你好受多少呢。

新娘子是从你们家下了聘礼的那一天起，就开始了又喜欢又难过的期待啦。欢喜自不用说，就要和你在一起了嘛；难过也是可以理解的，就要离开生长了十几年的家，离开养育自己的父母去到你家过日子，她的心里肯定是又不舍得又害怕的。

但无论喜欢也好，难过也罢，这一天总算是来了。在你迎亲的队伍还没有到来之前，同你一样，她也要敬告她的祖宗，告诉他们："我今天就要出嫁啦。"

然后听着外面锣鼓喧天的，知道你来了，见了她的父母，拜了她们家的祖宗牌位，又接了你丢进来的大雁，既心疼又好笑地听了姐妹们对你的戏弄，终于，听到你念催妆诗了。姑娘羞羞答答地起身就要朝你走来了——这个时候，你可千万别急着上前就来个公主抱，人家爹妈还没有发话呢。

姑娘拜别爹妈，她的爹妈当然有几句话要交待："戒之敬之，夙夜无违命。"她爹爹说了，要她到了你们家，要听公婆的话，不可有违抗；“勉之敬之，夙夜无违。”她妈妈也说了，到了你们家，要勤勉持家，别让公婆不高兴。

一边说着，姑娘的爹妈就把一块大方巾帕子盖在她的头上。注意，我可要说重点了。唐代新媳妇头上的这顶帕子，名字叫“蔽膝”，它可不是我们在电视剧上看到的新媳妇头上的红盖头。这帕子的主要作用是用来遮挡灰尘的，并不一定要盖住新娘子的脸。大唐的女人相对自由解放，她们可不会遮遮掩掩地出门子，所以有的时候，新郎倌是有可能在娘家就能看到新娘的长相的。《太平广记》里面就记录了这样的一段故事，说一个姓卢的新郎，成亲这天，欢欢喜喜地就上老岳父家去接新娘子了，结果到了岳父家，姓卢的新郎倌却二话不说，拔腿就跑，任凭后面的人怎么叫都不回头。跑回家以后，他们家人都奇怪，说你这娶媳妇去了，怎么自己一个人跑回来了？

卢生一面摇头一面说：“新媳妇长得太难看啦。”

可见在唐朝那会儿，新郎倌是有可能在娘家看到新娘子长相的。

好了，故事讲完了。无论你是看见或是没有看见你新娘子的长相，她都要跟着你回你家了。你们家在新娘子还没有进门以前，早就做好了非常重要的几件事，一是以“粟三升填臼”，二是“以席一枚覆井”，再是“以枲三斤塞窗”，最后还要“以箭三支置户上”，这都是当时的讲究，据说是可以辟邪祈福的。

但除了这些以外，最需要准备的，其实是几面毡席。新娘子就要到家门口了，按规矩，她的脚今天可是不能沾地的，所以这几面毡席可少不了。当然我也知道毡席可能不好找，没关系，有两面就够用啦，走完了这面，赶紧再接着那一面，这样一路转移接铺，叫“转席”，新娘子是不会介意的。

毡席一直铺到了你们举行婚礼的“礼堂”。这“礼堂”是个现代名词，在唐朝那会儿，你们举行婚礼的地方其实叫“青庐”。青庐是临时搭建的，有点儿像今天尖顶的圆亭子，覆着青布，可张可合。现在农村办喜事，常见婚庆公司在村口也搭一个青黑色的帐子，大约就是这种婚俗的延续。

婚礼的仪式庄重而充满着喜气，行过了交拜礼，你们可就是夫妻啦。怎么？只你们两个人拜一拜这就算是礼成了吗？是的，在唐朝人的眼里，“拜堂”那就是你们俩人的事儿，可没有什么一拜天地二拜高堂那一说。

虽然说拜堂这个环节看似简单，但其实这个时候的新娘子可并不怎么好受。周围全是你们家亲戚，他们可是卯足了劲，要给你在新娘子家“下婿”那一关里受的委屈来“报仇”呢。你看你们家的那些个亲戚，不仅对新娘子品头论足，更有甚者还变着法儿的戏弄她，这叫“弄新娘”。你可千万别护着新娘子，你越是护，他们闹得越凶。不止言语，据说最厉害的，还有把新娘子提了脚倒挂起来，当然你也不用太紧张，这是非常极端的例子，相信你的亲戚们是不会这样对待你的新娘的。

大概你最向往的就是赶紧入洞房了吧，春宵一刻值千金嘛，完全可以理解。但是别着急，这拜完了堂后面的节目还多着呢。你的那些个七大姑八大姨们正在你洞房的婚床上忙活着，他们把事先准备好的果子啊，零钱啊，扔得满床满地都是。你再看那些个来凑热闹的，全都一窝蜂地抢，哪管你新郎急不急着要洞房呢。但你可千万不能发火，这是你婚礼仪工中一个重要的环节，叫“撒帐”，是给你讨个吉祥呢。

唐代撒帐特别有讲究，一边撒一边还要念念有词：“今夜吉辰，某女与某男结亲。伏愿成纳之后，千秋万岁，保守吉昌。五男二女，奴婢成行。男愿总为公卿，女郎尽聘公王。从兹祝愿，已后夫妻，寿命延长。”意思是祝愿你们夫妻今后的日子顺顺利利，多子多福，男孩子都能仕途平坦，女孩子都能嫁个好女婿，总之都是祝福的话。再看那些个撒帐的钱，上面全都刻了字，要么“夫妻偕老”，要么“金玉满堂”，要么“早生贵子”，要么“寿比南山”，也是满满的祝愿。所以你一定要耐着性子让他们尽情地撒，尽情地闹，等这撒帐的一出闹完了——别着急，还有一个最浪漫的节目在等着你们呢。

有人端着托盘进来了，注意，这个托盘在这儿有个名字，叫“同牢盘”。有点古汉语常识的人都知道，这“牢”在过去就是指“祭祀用的牲畜”，或者祭献给祖宗，或者宴席上享用。不过到了你结婚的时候，这个同牢盘里未必就真能托只牛或羊来，但至少是一餐饭，要你和你的新娘子一起吃，表示你们两个从现在开始，就要同吃一锅饭，同住一间屋，开始要一起过日子啦。

紧接着有个小孩儿又托着一个小盘进来了，盘里托着两片被劈开的葫芦，用一条红色的锦缎系着，里面装着酒。就听有人对小孩儿说：“一盏奉上女婿，一盏奉上新妇。”这其实就是你俩的交杯酒。

但交杯酒为什么交的是葫芦而不是杯子呢？这里面有故事，说早年，周公定这婚俗礼制时，前面我们提到的六礼都好说，可以一项一项地示范给大家看，怎么纳采，怎么问名，怎么纳吉，怎么送聘，怎么请期，怎么亲迎，六礼全都示范完了，到了最后一项，两个人怎么行夫妻之礼呢？这可把周公难住了。他想找他老婆来跟他一起向大家演示，他老婆当然不同意了。于是，周公就想了个办法，把葫芦一分为二，一片代表男，一片代表女，一上一下地合在一起，就像男女合一，完成了夫妻之礼，所以这葫芦从此就有了男女结合之意。

除此以外，交杯酒用葫芦来喝更有一层深意在于，葫芦发苦，酒入其中自然也就带了苦味，夫妻共饮，是说你们两个从此以后要同甘共苦的意思。这个环节叫“合卺”。

喝了合卺酒，这新娘便真是你的了。姑娘心甘情愿，剪下一缕头发交给你，你也一定要配合，赶紧也剪下一缕来，两缕头发绾在一起，这叫作“合髻”。诗里说“侬既剪去鬟，郎亦分丝发；觅向无人处，绾作同心结。”多么浪漫的一种表白啊。

同心结一结，就离你心心念念想着的好事儿只有一步之遥啦——可你的新娘却一直羞羞答答，老是用只扇子捂着脸。这个时候，就又到了发挥你文采的时候，赶紧作首“却扇诗”，让她丢掉扇子，大大方方地给大家露个脸，也就能成全你们今天晚上的好事儿了。

却扇诗是你的新娘子考验你文采的最后一道题。没有办法，谁叫你回到了大唐，那个时代就是这样，在他们的生活中几乎无处不成诗。你要是磨磨蹭蹭做不出来呀，那些挤在你洞房里的人可是不会走的，新娘脸上的扇子也不会挪开来，那你今天晚上的好事儿怕是要到明早鸡叫也办不成啦。如果实在你要是做不出来，我教你一首：

莫将画扇出帷来，遮掩春山滞上才；

若道团圆是明月，此中须放桂花开。

怎么样，新娘子的笑脸露出来了吧？还不赶紧的，吹蜡烛，放帐帘——

小心，墙根底下可有人偷听呢！

第八章

当爱已成往事

有一句话说“婚姻是爱情的坟墓”，此话非常流行，被很多人用来当作只谈恋爱不结婚的理由——一旦步入婚姻，爱情就死亡了。

这话其实是没有道理的。爱情的死亡与否与婚姻本身并没有直接的关系，不记得是在哪本书上看到过，说最原始的爱情是个生理反应，纯粹到只在砰然心跳的那一下，它源自于一种叫作苯基乙胺的激素。按照书上的理论，当一个人出现在你身边的时候，他（她）的某种特征，比如容貌，或者身体上的气味，或者说的哪一句话突然就刺激了你的大脑，让它分泌出这种叫作苯基乙胺的激素，这种激素能让你感到极度兴奋，甚至达到癫狂的状态，这种状态就是英文所说的fall in love，当然，他（她）同样 fall in love too。

之后你们就恋爱了。

然而，纵然你们不结婚，只要你们天天在一起，你的大脑就会对他（她）习以为常，再也分泌不来苯基乙胺，这个时候你们再在一起的时候，就不会有那种砰然心跳的感觉，两个人牵着手无异于左手牵右手，也就是有人说的那种把爱情过成了亲情的关系。

这是一种正常的生理反应，本身与人品道德没有太大的关系，所以，现代社会里常常看到会有人出轨，而在古时候，男人只要有点办法，就想要个妾。

想讨小老婆，先过我这一关

妾，就是俗称的小老婆。在中国古代长达几千年的婚姻制度里，妾一直都是一个极具悲剧色彩的角色。尤其是在唐代，小老婆的日子可不是那么好过的。众所周知，大唐是一个盛产悍妇的时代。大唐的女人，很少有哪个女人能够容忍与另一个女人分享她们的婚姻。虽然我们在前面也讲过，婚外情的事情屡见不鲜，但是想要娶回家里来，门儿都没有。

在整个大唐史上，鱼玄机大概应该算得上是位才貌双全的大美女了吧，除了长得好看得不行以外，十来岁就诗词歌赋无所不通。她跟李亿那也算是一见钟情，俩人都以为收获了这天底下最伟大的爱情。谁知道，李亿的家里有老婆，这下鱼玄机就尴尬了。

虽然大唐的风气是比较开化的，但是，在婚姻制度方面，还是有明文规定的一夫一妻制的，就是不管你怎么花天酒地，老婆你只能娶一个。你要是想再娶一个，那就是犯了重婚罪，等着你的就是牢狱之灾了。

但是，中国的男权社会早就为这些不断分泌苯基乙胺的男人们想好了办法。一夫一妻就一夫一妻，没有问题，我保证这辈子妻子只娶一个，但妾却可以多纳，只要有本事，想纳多少就纳多少，这个法律可就管不了。

虽说妻和妾感觉上都是男人的老婆，但实际上地位却天差地别，要不怎么有大老婆和小老婆之分呢？妻我们前面说了，要费那么大的周折才能娶回家来，这叫作“明媒正娶”。但纳妾的程序就非常简单了，有的时候就是买来的，有的时候是别人送来的，甚至还有的是抢来的。来到家庭中以后她们也没有什么地位，人家说不要就不要了，有的时候还可能被转手卖掉，或者像鱼玄机那样，大老婆不容你，就把你送到道观里去当道姑。

唐朝有一条法律：“以妾及客女为妻，以婢为妾者，徒一年半。”什么意思呢？就是妾永远都是妾，千万别想着有一天会转正，那是法律不允许的。有一姓李的哥们儿偏不信这个邪，扶了小妾卫氏做正室，结果被搞得满城风雨；还有大诗人王维的弟弟王缙，他的老婆李氏本来是韦济的老婆，韦济死后私奔跟了王缙的，俩人没有三媒六聘的，这李氏只能是个妾，结果王缙却爱得不行。李氏死后，王缙以“妻”的待遇在家里大动干戈，为李氏祈福，这后来简直成了王缙留在史书上的污点了。

可见在唐朝，无论妾怎么好，都不可能与妻同日而语。尤其是在大老婆面前，那真是进门就得矮三分。无论那个男人有多爱这个妾，但大老婆若不容妾，有时候男人也没有办法。前面我们说过的，唐朝的女人大部分都是“女汉子”，性格里少有温顺的一面，看见丈夫领了个年轻美貌的女人回来，想要她们委曲求全地与老二甚至老三相安无事，那基本就是大唐男人的一个梦。

这样的妻子在大唐那可比比皆是，她们为了维护自己在婚姻中的地位，可真是敢以命拼。据说当年唐太宗为了笼络人心，就曾送给过房玄龄一个小妾，这下可捅了马蜂窝了，房夫人非但不让房玄龄靠近这个妾，还把这个可怜的姑娘折磨得头发都快要掉光了。

皇帝一听，怎么会有这么彪悍的妇人，真是比我后宫里的那些个娘们儿还厉害。老房你过来，让我给你支两招。

于是，皇帝就跟房玄龄演了个双簧，他派人给房夫人送去一壶酒，说："你们家老房呢，也是个人物，按说早就该妻妾成群了，你有什么好妒忌的。现在摆在你面前的只有两条路，要么收起你的妒忌心，跟老房的小老婆和平共处，要么你就喝下这壶酒，从此眼不见为净。"

这话的意思说得再明白不过了，要么你咽下这口气，以后好好过日子，要么你就只能领死了——这可是壶毒酒。

可人家这位房夫人压根不吃这一套，义正词严地回了皇帝的话："我和老房白手起家，好不容易有了今天这日子，他倒想要娶小老婆了。我就是死，也不想睁着眼睛看见别的女人进了我苦心经营的家。"说完，一仰脖就把那壶毒酒给喝下去了。

皇帝本来就是想吓吓她，没成想这位房夫人性子这么烈，皇帝只好回了话："老房，我看你这辈子就死了讨小老婆的心吧。"

那么房夫人真的被皇上给毒死了吗？当然不会，皇帝也没有真想让她死，他赐给她的不过是壶醋。所以现在，你知道这"吃醋"的来历了吧？

在唐朝，像房夫人和李亿的老婆这样好吃醋的女人比任何朝代都多，简直成了唐代婚姻里的一种典型特征，类似的故事也非常多。我再给你们说一个比这二位还彪悍的，她是一个地方官的老婆，姓阎，她的老公姓阮，是个小县令。阮阎氏把老公看得非常紧，整天三令五申路边的野花不能采。有一天，这位阮县令请人吃饭，席间，客人说干吃饭多无聊，不如叫个姑娘来唱小曲吧。

阮县令虽然明知家里有个河东狮吼，但是客人的要求也不好回绝，便叫人去喊了个唱曲的歌伎来。谁知道早有眼线报告了县令夫人。这一下可不得了，夫人当时正在午休，头发也来不及梳了，衣服胡乱一穿，连鞋子都来不及提好，去厨房拎了把菜刀就冲出来了，吓得那唱小曲的歌伎连哭带叫地就跑了。

故事讲到这里，是不是有一大批女同胞感到特别解气，只恨自己没有这本事？千万别这么想，这都不是什么好教材。这位姓阎的县令夫人，从此可就被列入黑名单啦。而她的那位老公也被她害惨了，一个连老婆都管不好的人，还能指望他管好一个县吗？年底考核不及格，乌纱帽也给弄丢了。

整个大唐时代，虽说悍妇成风，但这并不表示说，男性就毫无话语权，一个个全都得了“妻管严”。毕竟中国的整个封建社会还是男权社会，女性再厉害，社会的主动权还是掌握在男人的手里。比方说家庭关系，女人如果真的闹得太厉害了，男人忍无可忍，便要拿出他的看家法宝来——休书。

是的，纵然是唐朝，男人也是可以休妻的。一个女人在婚姻生活里，如果没有孩子，或者生活作风不好，或者不孝敬公婆，或者爱搬弄是非，或者偷东西，或者得了治不好的病，或者是妒忌，男人都可以一纸休书把她休掉。

但我们现在说的毕竟是唐朝，有和其他朝代不一样的地方。既然唐朝的女人自由奔放，而社会也允许她们自由奔放，那么在婚姻方面她们也拥有了其他朝代女人所无法想象的权利与尊严，比方说，女方如果觉得和这个男人实在是过不下去了，也是可以提出离婚的。

是不是听着有点新鲜？但这是真的。

若不爱，请放手

离婚在现代人听起来虽然稀松平常，但要在古时候，那可是天大的事儿，尤其对于女人来说，简直让娘家人无地自容。《孔雀东南飞》里的刘兰芝，那么好的一个儿媳妇，被婆家赶回娘家以后，在娘家活得就是“进退无颜仪”，觉得太丢脸了。但是，唐朝女人有的时候可不管那么多，因为法律规定“若夫妻不相安谐而和离者，不坐”，就为她们提供了选择离婚的可能。

唐代宗年间，就有这样的一宗离婚案，男的叫杨志坚，是个穷书生，每天只知道念书写字，家里一穷二白，啥都没有。她的老婆跟着他过了几年，一看他也不知道出去上个班，也不知道做点小生意赚点钱，家里穷得叮当响了，他还只知道念书，日子实在没法过了，就闹着和杨书生离婚。

杨书生也是个讲道理的人，既然你的心都不在我这儿了，我留你的人也没有什么意义，离就离了吧。

他们两个要是在今天，那就算是协议离婚了，在当时叫作“和离”，按说到了衙门也就是走个过场，这婚事就算是完了。

但是当时接手这起离婚案的，是非常著名的大书法家颜真卿。是的，颜真卿的确是做过官的，他接到了这位杨书生老婆的离婚诉讼，气就不打一处来，他可不想助长这种拜金女嫌贫爱富的社会风气，所以虽然她是协议离婚，颜真卿还是决定要给她点教训。

瞧瞧颜法官的判词：

杨志坚素为儒学，遍览九经，篇咏之间，风骚可摭。愚妻睹其未遇，遂有离心。王欢之廪既虚，岂遵黄卷，朱叟之妻必去，宁见锦衣。污辱乡闾，败伤风俗，若无褒贬，侥幸者多，阿决二十后，任改嫁。杨志坚秀才，赠布帛各二十匹，米二十石，便署随军，仍令远近知悉。

意思是说，杨志坚是个很有才华的人，将来一定会有出头之日，可惜他这老婆目光短浅。我看那杨书生虽然饭都吃不上了，还手不释卷，而妻子却不理解他、支持他，将来哪还能看到他衣锦还乡的那一天？既然如此，离就离了吧。但这样的妻子，要先杖责二十。至于杨秀才，给他些赏赐，再给他找份工作吧。

这通离婚案，杨公判得既尊重了女性的离婚自主权，也弘扬了社会的正能量。据说此案一判，那一带十年以内再没有哪个女人敢说要弃夫离婚的。由此可以证明，像杨书生老婆这样与老公离婚的现象在唐朝绝不是个新鲜事儿。

不过唐朝到底是唐朝，就算是离婚，他们的离婚书，写得都非常

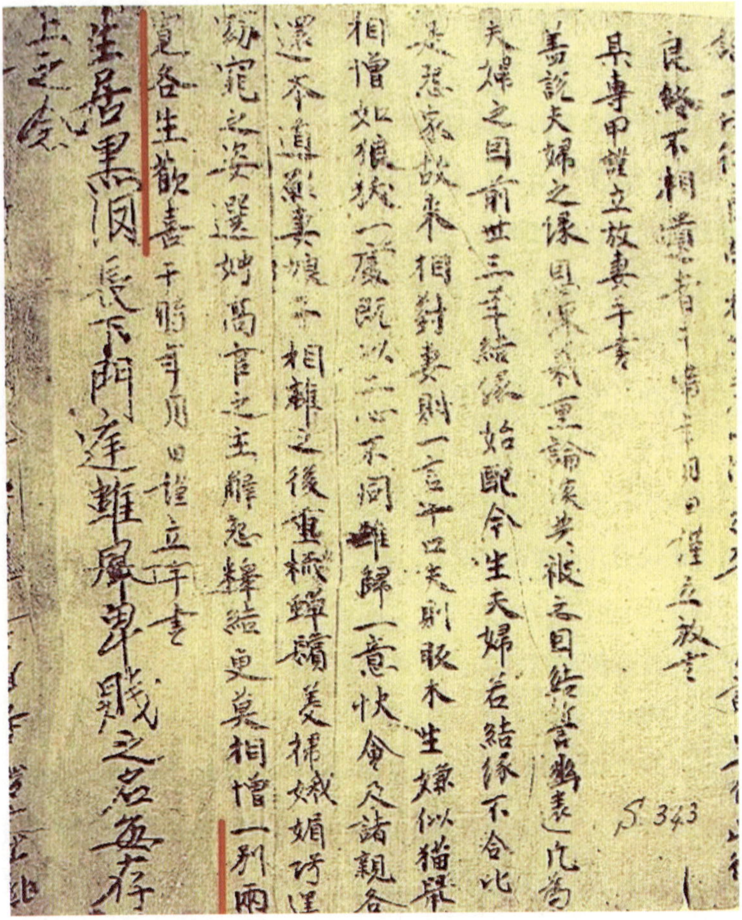
良緣不相遭者于時年月日謹立放書
某專甲謹立放妻手書
蓋說夫婦之緣恩深義重論談共被之因結誓幽遠凡為
夫婦之因前世三年結緣始配今生夫婦若結緣不合比
是怨家故來相對妻則一言十口夫則反木生嫌似猫鼠
相憎如狼羊一處既以二心不同難歸一意快會及諸親各
還本道願妻娘子相離之後重梳蟬鬢美掃娥媚巧逞窈
窕之姿選娉高官之主解怨釋結更莫相憎一別兩
寬各生歡喜于時年月日謹立手書
生居累因長下門逢難屬卑賤之名無存
上之命

1900 年，敦煌出土的《放妻书》，也就是离婚协议。

有水平，可不像咱们现在，财产怎么分割呀，孩子的抚养权怎么处理啊，一大堆事。人家大唐的离婚书里，可从不理这些个俗事儿。就拿杨书生写给他老婆的离婚书来看：“平生志业在琴诗，头上如今有二丝。渔父尚知溪谷暗，山妻不信出身迟。荆钗任意撩新鬓，明镜从他别画眉。此去便同行路客，相逢即是下山时。”

瞧见没有，都要分手了，还这么诗情画意。意思是我这辈子也的确没啥本事，你想要走就走吧，另找个好的男人嫁了吧。

除了杨书生的这首分手诗，在敦煌莫高窟里，还藏着几份“放妻书”，写得也别有味道。所谓的“放妻书”，其实就是离婚证明书，有点近似于我们今天的离婚协议，但就其内容上来看，却比我们今天的离婚协议书言词要美好得多。看看这封：

> 愿娘子相离之后，重梳蝉鬓，美扫蛾眉，巧逞窈窕之姿，选聘高官之主，弄影庭前，美效琴瑟合韵之态。

听听这词，写得还挺委婉浪漫的，一点儿不像是要离婚，倒像是要给出嫁的妹妹写祝福语似的，愿你打扮得漂漂亮亮的，找一如意郎君，两人和和美美地过日子。

这样的离婚书在敦煌一共找到了 12 份，并不算多，但却证明了唐代离婚现象的存在。就连韩愈这样的大儒之家，女儿的婚姻也是一波三折的。韩愈先是把女儿嫁给了一个叫李汉的人，但后来两个人因为感情不和便离婚了，之后又嫁给了一个叫樊仲懿的人。

这种现象的产生与大唐女性地位空前提升有着直接的关系。大唐御姐级的人物可谓层出不穷，从唐高宗的武氏开始，后来又有中宗的韦氏，再后来有肃宗的张氏，这些女人在取得绝对政治权力的同时，也为大唐的女性争夺了绝对的社会地位。大唐的女性不再是被贬低、奴役的角色，也不再是单纯的生育工具，而是在婚姻里享有着空前自由的女性。因此在这一特殊的时期，改嫁、再婚对于她们而言，不是什么新鲜的事情。

天要下雨，娘要嫁人，由她去吧！

说到改嫁与再婚，我就想起了我们家的一位老姑奶奶来了。

老姑奶奶如果活到现在大约也有一百来岁了，但是那会儿也是个风华正茂的大美女，结婚三个月不到，丈夫就死了。老姑奶奶头上戴的红花儿颜色还没有褪去呢，就变成了小寡妇。她哭着跑回来找她的爹，就是我们家的老祖宗。老祖宗说：“回去守着吧，那才是你的日子。”

那时候甭管你多少岁，只要跨进了夫家的门，丈夫活着，你是夫家的人；丈夫死了，你依然是夫家的人。哪怕是像我家老姑奶奶那样刚进门的新媳妇，丈夫死了，你也只能守着丈夫的牌位过日子。

但在大唐可不是这样的。

大唐的寡妇，依然享有着恋爱与再婚的自由，甚至大张旗鼓，有的再婚比初婚搞得还热闹，最著名的就是唐中宗的闺女安乐公主那场二婚婚礼，办得简直比皇上登基的场面还要大。

安乐公主的第一任丈夫叫武崇训，大名鼎鼎的武三思的亲儿子。

可是安乐公主嫁到武家以后没有多久，武崇俊就死了。

很快，武崇训的同族兄弟武延秀做了安乐公主的第二任丈夫。值得一提的是，武崇训还没有死的时候，安乐公主与这位武延秀早就有了猫腻，这下子更是如鱼得水，难怪那婚礼办得这么隆重。

据《新唐书》里记载：“是日，假后车辂，自宫送至第，帝与后为御安福门临观，诏雍州长史窦怀贞为礼会使，弘文学士为傧，相王障车，捐赐金帛不赀。”

这是头一天出嫁时的光景，场面就够大了些，到了第二天，公主回门，直接上了太极殿，“向天子拜，南面拜公卿，公卿皆伏地稽首。”瞧见没，这公主回趟门子，简直惊动了满朝文武，的确是很有面子的一次二婚再嫁。

当然这说的是公主，是皇帝家的闺女，并不是所有人家的女儿再嫁都能整出这动静来，但的确从另一个角度反映出，在唐代，寡妇改嫁真不是什么见不得人的事情。即使是在平常百姓家，只要寡妇自己愿意，那就谁也拦不住她改嫁。

在《酉阳杂俎》中记录着这样一则故事，说唐代的时候有一个叫皓潜的人有一天晚上要坐船出行，到了水边的时候忽然听到船上传来女子的哭声。走近了才知道，是一个年轻的女人刚刚死了丈夫，现在无依无靠的，身边只有她的表哥。当晚这位表哥就到皓潜的船上来，把这个年轻的小寡妇许给了皓潜。你看，就这么简单，连七期都不用过，小寡妇就改嫁了。

据说后来清代的文人每每在书中读到唐代寡妇再婚都要大骂其有伤风化，但这其实与伤不伤风化没有什么特别大的关系。前面说了，唐人融入了浓厚的胡人血统，而胡人是什么样的民族呢？他们是马背上长大的游牧民族，在进入大唐以前，他们的婚俗还一直保有着古老原始的形态，性生活也非常自由放纵。父亲死后，庶母常常会成为庶子的女人；哥哥死后，弟弟理所当然成为嫂子的丈夫，这些都是非常正常的事情。因此，寡妇再嫁也极为寻常，与贞洁没有什么关系。还是那一句，“天要下雨，娘要嫁人，由她去吧”，只要她喜欢。

这样的观念一直延续进了大唐，没有人会在意女人在丈夫死了以后会不会守寡。而更重要的一个原因是，国家也倡导让寡妇改嫁。了解历史的人都知道，隋唐建立在一个混乱了许多年的南北朝之后，而隋朝短短的三四十年时间，并没有完全恢复战争所带来的创伤，反而还给那伤口上又洒了一把盐。到了隋朝末期，因受战乱影响人口大量减少，这让唐朝的皇帝在统一江山以后，想到的第一个问题就是赶紧生孩子，繁衍人口。

所以，他们那会儿也讲“计划生育”，但这计划是要往多里计划。因此，只要是到了婚配年纪的男女，甭管啥条件赶紧先结婚，而那些死了丈夫的寡妇们也别闲着，能嫁人就嫁人，嫁了人赶紧生孩子。这在当时的地方官那里，是一项政治任务。

居住篇

第四部分

第九章

住在大唐，是一种怎样的体验

很久以前，我写过一篇文章《假如真的可以穿越》。那时候，是电视上穿越剧演得最火的时候，各种无厘头的想象，各种稀奇古怪的故事轮番地上演。于是我也就脑洞大开，想到如果真的能穿越，那我一定要回到大唐去。

我想我回去以后一定是神一样的人物，上知五百年，下晓一千年，把个大唐的各路人马哄得团团转。穿越回去以后，我开了一个馆，馆名叫作“预知堂”，专门靠给人预卜未来发家致富。我的预知堂开在山上，大概是为了讨便宜吧，城里的房价太高我实在买不起。所以，杨玉环的老爸为了找我给他的女儿算一卦，可是差一点儿就跑断了腿——山路实在是太难走啦！

这篇文章写得很早，至少也是十年以前的事了。按时间来算，到今天预知堂应该也赚了不少的钱啦，要不要考虑一下，在唐朝最繁华的长安城里也买套房子呢？

那可就得好好关注一下唐朝的房产业了。你有没有兴趣，跟我一起了解下？

小区管理不错，可以安心居住

真的从唐朝的大山里回到了城市，那可就有点儿刘姥姥进了大观园的样子，一双眼睛根本不够用。到底是国际化的大都市，怎一个繁华了得！

热闹归热闹，长安城的规划倒是整整齐齐，一点儿也不乱，可不像咱们现代的城市，高架桥架得好像蜘蛛网似的，一不留神就能把人给走迷糊了。唐朝的长安城，街道宽阔平整，好像棋盘似的，整个城被整整齐齐划分成了一百零八个“坊”。

那么啥是“坊”呢？简单地说，就是组成城市最基础的单位。不仅长安，其他城市也一样，像洛阳有一百零三坊，苏州约在六十坊。有种说法是，“坊”多用于街巷的名称，这其实是不准确的。因为坊都是有围墙的，好像我们今天的小区一样，里面有好多的街巷纵横。所以，从概念上讲，“坊”可远比“街巷”大得多了。

因为有了围墙，住在这样的“小区”里，治安倒是一流的。每个“小区”只留东西南北四个门，还有巡逻小队不停地巡逻把守，那些个小偷小摸的想要溜进“小区”偷东西，基本上是不太可能的。

不过，安全倒是安全了，就是有一点，因为这小区的“保安”太负责，为了“小区”居民的安全起见，太阳落山以前就把“小区”的大门关上了。所以晚上可一定要早回来，不然你可能就要摊上大麻烦了。因为长安城有一项宵禁制度，就是大晚上的不许在街道上乱溜达，要是被巡逻的遇上了，会被当作坏人给抓起来的。

这样说起来，要是个喜欢过夜生活的人，大晚上的住在长安城，

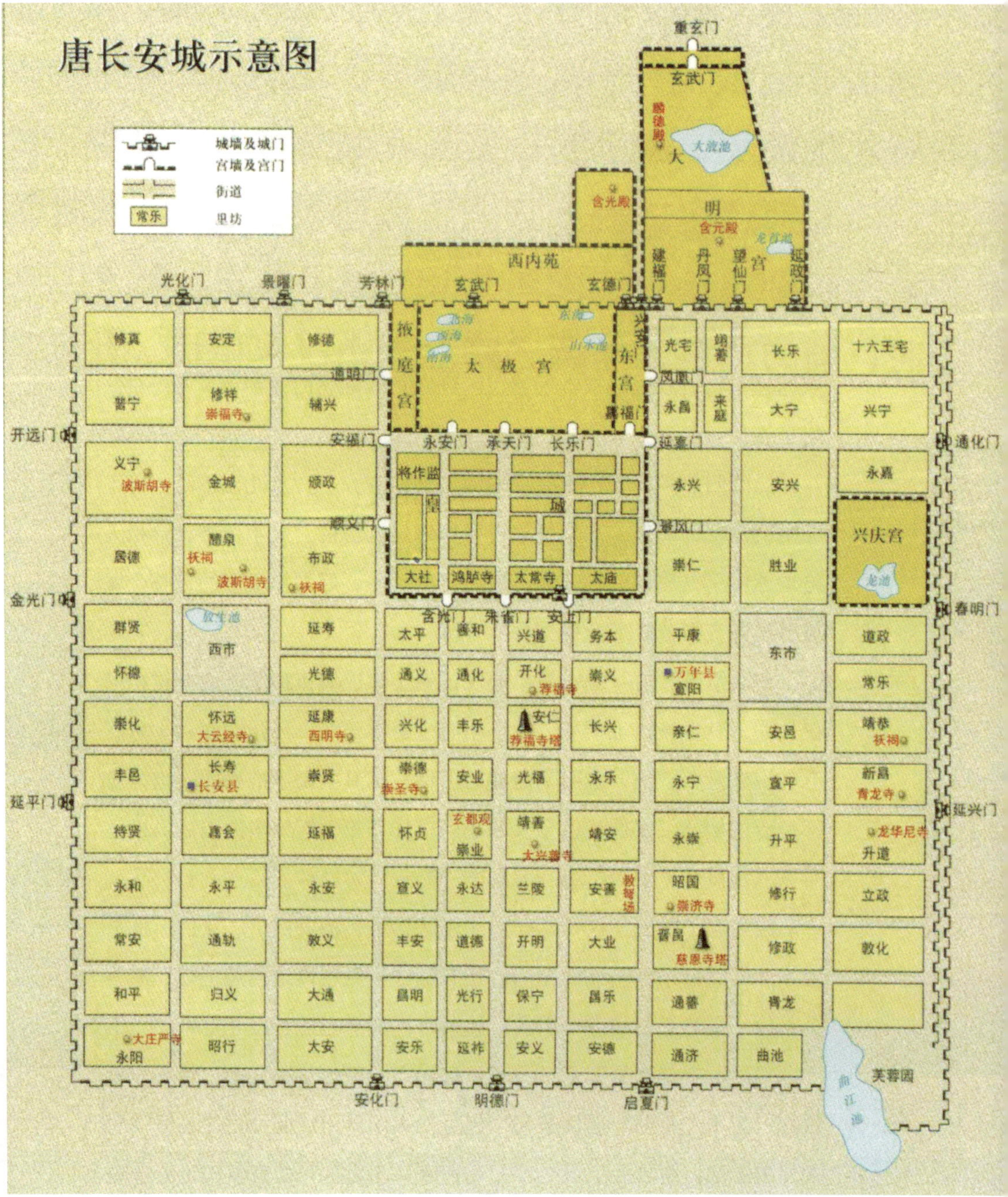
唐长安城示意图
城墙及城门
宫墙及宫门
街道
常乐
里坊
重玄门
玄武门
麟德殿
大明宫
含光殿
含元殿
建福门
丹凤门
望仙门
延政门
西内苑
光化门
景曜门
芳林门
玄武门
玄德门
掖庭宫
太极宫
东宫
兴安门
安福门
永安门
承天门
长乐门
延喜门
景风门
将作监
皇城
大社
鸿胪寺
太常寺
太庙
含光门
朱雀门
安上门
开远门
金光门
延平门
通化门
春明门
延兴门
安化门
明德门
启夏门
修真
安定
修德
光宅
长乐
十六王宅
普宁
修祥
崇福寺
辅兴
永昌
来庭
大宁
兴宁
义宁
波斯胡寺
金城
颁政
永兴
安兴
永嘉
居德
醴泉
祆祠
波斯胡寺
布政
祆祠
崇仁
胜业
兴庆宫
龙池
群贤
放生池
西市
延寿
太平
兴道
务本
平康
东市
道政
怀德
光德
通义
通化
开化
荐福寺
崇义
万年县
宣阳
常乐
崇化
怀远
大云经寺
延康
西明寺
兴化
丰乐
安仁
荐福寺塔
长兴
亲仁
安邑
靖恭
祆祠
丰邑
长寿
长安县
崇贤
崇德
崇圣寺
安业
光福
永乐
永宁
宣平
新昌
青龙寺
待贤
嘉会
延福
怀贞
玄都观
崇业
靖善
大兴善寺
靖安
永崇
升平
龙华尼寺
升道
永和
永平
永安
宣义
永达
兰陵
安善
教弩场
昭国
崇济寺
修行
立政
常安
通轨
敦义
丰安
道德
开明
大业
晋昌
慈恩寺塔
修政
敦化
和平
归义
大通
昌明
光行
保宁
昌乐
通善
青龙
大庄严寺
永阳
昭行
大安
安乐
延祚
安义
安德
通济
曲池
芙蓉园
曲江池

唐长安城坊市示意图

会不会被闷死呢？大可不必担心，虽然“小区”的门早早地就关了，但这并不意味着，一个索然无味的夜晚就要来临了，恰恰相反，“小区”里却还是可以继续夜生活的。

大家可能还不知道，在长安城买东西逛市场有规定的地方，就是东西二市，但东西二市关门关得特别早，大概“小区”的大门还没有关，东西二市倒先早早就收市了。那么，花好月圆的晚上，万一睡不着觉怎么办呢？

没有关系，唐朝“小区”里的配套设施早就为你把这个问题解决了。知道你会在家里闷得慌，所以“小区”里面开的酒馆、饭店还有小商铺，并不至于让你晚上饿着肚子想买个烧饼都没地儿买去，所以生活还是很方便的，夜晚也不至于太寂寞。

还犹豫什么呢？就在这“小区”里选套房子，过一过大唐城市居民的生活吧。

买套什么样的房子，才适合你？

买什么样的房子呢？

当然是得先看你有多少钱才对吧？身上只揣了不到二十万，还想在北京二环以内买房子，纵然那房子看起来再合适，也不过是纸上谈兵啊。

这指的是现在，如果回到了唐朝买房子，钱固然是个很重要的因素，但身份其实更重要。翻开法律看一看，《唐六典》里面有这样一条规定：“良口三人以下给一亩，三口加一亩；贱口五人给一亩，五口加一亩。”

这里面讲的是唐朝均田制里的一条按人的等级分地的法律，要想了解这条法律说的是什么，就得先搞清楚唐朝对“人”的划分。

虽说都是人，但在唐朝，却有贵人、良人与贱人之分。所谓的贵人，自然是唐王朝的贵族官僚；良人，也就是良口，这一阶层的人虽然没有贵族的身份高贵，但他们有房有地有家产，也拥有人身自由，就好像现代社会中的你我他一样，没权没势，但却独立自主；贱民也就是贱口，相对于良民就要低一等了，他们基本没有什么社会地位，而且连自身最起码的保障都没有，有的是因为犯罪被没入公的，有的是隶属于公家的一些低等的工匠或乐工，也有的是一些长期依附于私人地主的奴婢随从。

在唐朝，你纵然再有钱，但法律也只允许你购置与你身份相配的田地。比方说如果你们家是良口，那每三口之家就可以分一亩，如果再加三口，变成了六口之家，那就再加一亩；贱口就不一样了，贱口每五人才能分一亩，要想再加一亩，就得再加五口人。

所以，唐朝是个很讲阶级身份的时代。不光置地，住房也是一样的，你是什么身份的人，就配拥有什么样的房子，那都是有严格的法律规定的。比如，“三品以上堂舍，不得过五间九架，厅厦两头门屋，不得过五间五架；五品以上堂舍，不得过五间七架，厅厦两头门屋，不得过三间两架；六品七品以下堂舍，不得过三间五架，门屋不得过一间两架……”这些明确规定了什么样身份的主人，可以拥有什么样规格的住房。不过话说回来，法律是死的，人却是活的，暗箱操作的事情也是常有的，古今中外，这条不变的定律是人人都懂的。正

敦煌壁画中的唐代四合院

所谓有钱能使鬼推磨，在唐朝，如果你的钱真是找对了那个能推磨的鬼，甭管你是哪个阶层的人，估计想要套大 house 也不是没有可能的。

等等，我这话说得有些不严谨，唐朝还没有大 house 的概念，那个时候不管是贵族官宦，还是平头百姓，他们的房子结构，还都是中国传统的中柚式建筑。啥叫中柚式建筑呢？你一定得记住，这是中国最标准的建筑风格，以一条中轴线为中心，左右对称的建筑就叫作中轴式建筑风格，类似于我们今天的四合院。

现在房屋中介推荐给我的，就是这样的一套中轴式建筑。

进门一个大大的照壁，据说这个能辟邪，竖在门口大鬼小鬼的就都进不来了。

大门两侧有两间房，中介说："如果有人来拜访府上，可以在这儿稍作休息，或者您也可以让他们在这儿过夜。"他这一说我就明白了，这就是传说中的客房呀。不不不，在唐朝那会儿，这样处在大门两侧的屋子，还叫作客馆或门馆，虽然实际上可能和客房差不多。

院子真是不小呀，绿树成荫，倒是十分幽静。一座气派十足的中式建筑立于院中，红砖绿瓦，飞檐斗角，玲珑有致，这是中堂。院子的两边对称着还有建筑，叫作廊屋，可以一直连接到中堂。中介介绍说："如果府上要举行什么重大的活动，就可以在中堂接待宾客，这里地方够宽敞。"他说得不错，这间中堂面积可真是够宽敞，我住在山上快十年了，都没有见过这么宽敞的屋子。我这么一说，中介就笑了，他说这才多大点儿呀，耗子拉铁锹，大头在后面。果然，穿过中堂，后面有个小门，过了小门，后面又是和前面一样的廊屋与中堂。

中介说，这叫作“进”，一个小院，就是一“进”房，他推荐给我的这套住宅，一进套着一进，外带几个跨院和一个后花园。

这让我一下子想起了《红楼梦》里的荣国府，我一个靠预知堂发家致富的小买卖人，怎么可能买得起这么大的房子?

中介一听，脸儿立马就变了，心说原来就是个小老百姓呀。中介立刻拿起公文包，翻出一个记事本，扒拉到最后一页，指着上面的一行字说：“你看，你也只能买这个啦。”

在唐朝那会儿，小老百姓的房子，按规定是“构屋四架，门一间两架”，其实真正居住的房间不过三间房的样子，当然还会有小院、大门，带着间门屋。听起来也不错，就是不知道面积能有多大呢?

敦煌文书里面记载的一户马姓人家可做参考。他们家共有 5 栋房，堂屋、东房、小东房、西房和厨房，和中介推荐给我的这套大唐基础户型很相近。从文书的记录，可以看出这户马姓人家总的房屋住宅面积是 853.28 平方尺，换算为现在通用的平方，也就是八十多平方米；加上他的院子，东西长 43.4 尺，南北长 39.6 尺，算下来也有个 170 平左右的面积——其实我已经很满足啦。

装修里面大有文章

买过房子的人都知道，房子买起来容易，只要有钱就能办得到。可装修实在是个费神又费力的活儿，用什么材料环保，家具怎么设计才不占地方，采用什么样的风格更有品味……这些都是问题。但是，回了趟大唐我才发现，比起现代人，唐朝人装修房子就更麻烦啦，因为你要是不懂点儿法律，搞不好就要在房子的装修上摊上事儿啦。

前面讲买房子的时候，我就说过，唐朝的法律对什么样的人拥有什么规格的房子做了严格的规定，到了装修这会儿，规定又来了，比如说：“王公以下，舍屋不得施重栱藻井。”

什么是栱呢？就是你现在看到的红砖绿瓦的传统建筑中，在横梁和立柱之间负责承重的那几层木制的东西，它的主要作用是将屋檐承载的重量巧妙地传递到立柱上去。如果你是在唐朝，要盖房子，对于这栱的设计可一定要注意分寸，千万别为了好看再多加一重，否则就会触犯法律，因为只有王公以上的家里，才配得上用重栱。

还有藻井。

什么是藻井？就是咱们现在说的吊顶设计。传统的中国建筑吊顶可是十分花哨的，一般都会做成一个圆形的隆起，然后装饰上各种颜色的雕刻、彩绘，色彩非常鲜艳，也非常壮观。但是你也千万别为了图好看，给你家的房屋上也搞这么个装饰，那就可真的摊上事儿了——法律不允许。

庶人所造堂舍……仍不得辄施装饰。

看到没有，在唐朝，如果你像我一样，不过是平头百姓一个，在装修房子这件事情上，基本就可以省大钱了，因为你压根就不需要大动干戈装饰你的房子，只有这样，别人一到你家，不用翻看身份证，就知道你是个啥身份了。

但有钱有势人家可就不一样了，别说是进到家里看一看，站在大门外，立即就能知道这家人的身份和地位。

杜甫有句诗道：“朱门酒肉臭，路有冻死骨。”“朱门”指的就是唐朝那些有钱有势的人家。为什么叫“朱门”呢？因为他们都喜欢把大门涂成大红的颜色，看起来鲜亮醒目，然后再配上金光闪闪的门环，门环上雕有霸气的图案，看起来特别气派。

另外，在他们的大门口，你有的时候会见到一排大红色的栅栏，好像电视剧里衙门口竖着的那个东西。但这些东西怎么摆在私人住宅的大门外了？原来在唐朝，除了衙门以外，地位极高的人家门口也摆这个。李商隐的一首诗里说：“郎君官贵施行马，东阁无因再得窥。”这“行马”指的就是这红栅栏。

除了行马以外，有的人家门外还有立戟。大家都知道，戟是一种兵器，立在权势人家的家门口那也是有讲究的，并不是谁家想立，就能立得了的。在唐朝，只有三品以上的官员家门口才有资格立戟，而且一立还要立好多，一品十六戟，二品十四戟，三品十二戟。有了朱门、行马和立戟，这样的人家，站在大门口一望，就知道一定不是普通的人家了。

但你最关心的一定还是客厅，毕竟客厅是最能体现主人品位与身份的地方，所以无论古今中外，装房子，客厅都是特别要花费些财力与心思的地方。

唐朝的客厅多数的时候叫作“堂”，不同的身份，“堂”的装修也是不一样的。苏鹗有一篇非常著名的《芸辉堂》，里面描写了唐代宗时期宰相元载家里的“豪华大客厅”，用一种叫芸辉的名贵香草刷墙，沉香做栋梁；门、窗户全都饰以金银；堂内有一件非常名贵的屏

藻井

风，用的是会发光的悬黎美玉；垂的帐子是用鲛绡做成的，传说来自于南海，虽然又轻又薄，但既保暖又挡风。而堂内的摆设那就更是精美昂贵，世所罕有，用苏鹗的话来说：“拟于帝王之家。”是跟皇帝家没有什么分别的。

当然这是有钱人家的客厅，可不是我这样的小老百姓能够用得起的，一个小老百姓家的客厅能是个什么样子的呢？想想我们前面举的那个姓马的人家的客厅吧。他们家的客厅，也就是那间堂屋，总共才24.3个平方。如果我真的穿越回去的话，估计我们家客厅的面积也就这样了。你可千万别不服气，想要个大点儿的客厅吗？首先是坊上压根就不可能给你那么大的住房面积；其次，你要是想偷偷地盖个大点儿的堂屋，可千万别让邻居发现了，小心他告你“违章建筑”，搞不好是要坐牢的。

除了客厅，你大概最关心的就是卫生间了，这也是装修里面最要紧的一个环节。一个人每天早上睁开眼睛的头等大事，基本上都是在这里解决的。

不过在唐朝，如果你给工人说，我们家的卫生间要如何装修，人家肯定不知道你说的是什么，因为那会儿还没有“卫生间”这个说法，你最好告诉人家说是“茅房”才行。

我前面讲唐朝人不愿意吃猪肉的时候说过，唐朝乡下的茅房都是跟猪圈连在一起的，这个环节实在有点破坏咱们的胃部活动，这里就不多提了。但城市居民的茅房还是有些讲究的，至少不会和猪在一起。一般会选择在院子最后面的一个角落里，盖一间四四方方的小房，但这小房可没有顶，更没有门窗，就是四堵墙，里面有个坑。去过边远农村的人，或许现在还能见到这样的茅房，他们把它叫“旱厕”。至于抽水马桶，你就不要想了，就连抽纸筒你都找不到，因为那个时候“手纸”实在是个奢侈品。那么唐朝人是如何解决“善后”问题的呢？你就得多费点事儿，准备些竹签或木签，虽然这想起来的确是有些很不舒服，但是，如果让我备些纸在茅房，那我也实在是有些承受不起的，因为在大唐用纸来擦屁股，简直感觉太罪过了。

所以纵然是有钱人家，“善后”的大事也都是用竹签来解决的，但是他们上厕所的那个坑，装修得就比较舒服了，会有专门的坐器叫“厕床”。有一年我大姨摔骨折了，不能上厕所，姨夫给她买回了张椅子，就极像我现在给你们说的这个“厕床”，中间是镂空的，有四条腿支撑着，人坐在上面，解决起问题来并不会感觉到累，还挺舒服。

我说的这些，都是普通人家里的茅房，就算有点钱能装修得舒服点儿，也最多不过是个土豪之家。至于那些既有钱又有权的上层贵族人家的茅房，可就华丽得多了。首先人家就用得起手纸，而且摆得起香炉，不至于被那味儿给熏到，甚至旁边还有人准备好了手纸、洗手的水盆、毛巾和衣服伺候着。这样的场面，咱们普通百姓也就只能想象了。

大唐人民终于“坐”起来啦

作为一名资深的平头百姓，既然房子买不了大的，装修也不敢太讲究档次，那就只能在家具上下点功夫了，至少式样也得是新潮的，看起来高端大气上档次。

唐朝的家具，绝对是实打实的实木家具，而且纯手工制作，没有一件东西是流水线作业生产出来的工业化制品，这一点还是可以放心的。

那就先来一张大大的席梦思床吧。这段时间为了这房子可把我累坏了，腰都要断了，赶紧让我舒舒服服地躺在席梦思上睡一觉吧。

等等。不好意思，我又有点时间错位了，我这是在大唐，可不是在二十一世纪。大唐哪儿来的席梦思床呢？那就给打家具的师傅说，按照大唐最新潮的床的式样，先给我打一张吧。

这下，做家具的师傅一定要傻眼了。他满脸的问号：“您要的是一张什么床？”

他们这一问我，我立刻醒过神来了。网上不是经常有人在争论李白的那首“床前明月光，疑是地上霜；举头望明月，低头思故乡”里的“床”，到底是床，还是凳子吗？这的确是个比较麻烦的问题，因为在唐朝，床实在是一件含义特别多的东西，可不像是咱们现代人，单一只是为了睡觉用的。

唐朝的床有很多种。

首先咱们来说睡觉的床，那是放在卧室里的床，叫寝床，好像一间小屋子，三面围笼，一面挂着帘儿，帘儿一落下，便是一个封闭的空间。好处是甭管在里面做什么羞答答的事情，外面的人都看不见，不过总觉得有些不透气，尤其是夏天，在没有空调的屋子里睡这样一张床，会不会太热呢？

还有一种床，叫坐床，就有很好的透气性，四周没有围笼遮盖的东西，也没有帘儿挡着，但却在中间放个小几案。这张床一般不放在卧室，而是放在厅堂里，想坐就坐，想睡就睡，想看书看书，想吃饭吃饭。唐诗里面说：“独对一床书。”其实那“床”指的就是这坐床。因为坐床既能坐着也能躺着，所以很适合看书。尤其是像我这样身上没有几根“硬骨头”的人，那真是再好不过啦。书看累了就躺，躺累了坐起来再看。照这么说，坐床是不是有点儿像今天的沙发？

但沙发可以随便坐，而在唐朝，尤其是在当官人的家里，坐床可是很有些讲究的。通常情况下，都是身份最高的那位坐在正中间，其他人都在旁边陪着。如果说，你到了一个有钱有权的人家里，这家主人能拉着你的手让你坐在坐床上，那你就偷着乐吧，人家可是把你当座上宾了。

除了这两种可坐可躺的床以外，还有一种胡床。一听这名字就知道，这种“床”它不是大唐自产的，而是胡人兄弟们带来的。这是一种可以折叠的、随带随走的床。因为胡人多以游牧民族居多，他们的生活习性是逐草而走，所以他们的床也是随身携带的。有没有觉得听起来非常熟悉？像不像小的时候跟大人在院儿里乘凉时坐的马扎子？你说得没错，还真有点像。

前面我们讲唐朝人的宴席时，还提到过一种床，叫绳床，是跟着佛教一起进入大唐的，后来就演变成了高背坐椅。无论是胡床还是绳床，姿势都和前面坐床不同，坐床是两腿盘坐在上面的，但胡床不一样，胡床可以把两只脚垂下来，落在地上。据说唐玄宗坐在胡床上觉得特别自在，腿不累，身体还可以来回转动，便给这种床取了个“逍遥座”的雅号。

但是，如果你要问我李白他到底是坐在哪种床上看到了月光好像是地上的白霜呢？真遗憾我这次的穿越之行没有遇到这位老兄，所以也就没有办法知道，他到底是在哪个晚上，坐在什么位置的一张什么样的唐代床上，看到了那样的月光。

唐朝的床有这么多，我孤家寡人的，实在不知道该要哪一种好。倒是打家具的师傅提醒了我，他说作为一名想要跻身大唐时尚美女界的预知堂堂主，什么胡床绳床还是坐床寝床的，都不是关键，一把月牙凳是万万少不了的。

月牙凳是大唐美女闺房里用的凳子。凳子在唐朝还有个名字叫“杌子”，它与高背椅的兴起改变了唐朝人的生活习惯，至少，从此以后唐朝人再也不用“跪”着吃饭了，他们终于可以舒舒服服地“坐”起来了。

大唐美女偏爱月牙凳，这是一种凳面好似月牙的凳子，可以充分解放双腿，坐上去非常舒服。并且它的造型还特别可爱，采用镂空的木雕手艺，好像一件艺术品。只是，这些师傅也是全拿我打趣，像这种刚刚时兴起来的家具，那可都是有钱人家小姐们的配置，哪是我这小老百姓享用得起的？

那么，要不要来一张简易的沙发？或者，竹藤椅也可以呀，不然晚上看电视的时候……哦天呐，我的时间又错位了。这可是在大唐啊，大唐哪有电视呀，还想要沙发、竹藤椅？别做梦了。所以我在十年以前的那篇文章结尾就说过：“如果真的可以穿越时空，其实还有很多的事情要做。但是仔细想想，又觉得那会儿的生活，毕竟还是没有现代好。冬天太冷没有暖气，夏天太热没有空调。没有手机，没有电视，更主要的是如果真的生在那个时代，男人可以三妻四妾，也就是说，万一不幸我成了那个被老公遗忘的大老婆，我有可能终其一生都要独守空房，或者我有可能成为那个倍受宠爱的小老婆，我又得在大老婆跟前小心翼翼，搞不好还得磕头下跪或者受家法，那多受罪啊。这样说起来，还是不要回去的好。”

十年以前我这么想，十年以后，我依然觉得还是现在的生活比较好。瞧，我电话响了，给我送外卖的小哥到楼下了。如果真的回到了大唐，能打电话叫外卖吗？

第十章

房子不是你想买，想买就能买——大唐限房令

前面说了那么多，其实也就是大白天的做了一个梦，就跟那几年演的那些个穿越剧一个样。好端端的，一个现代人真的能穿回唐朝去吗？还想跑到唐朝的长安城里买房子？这种事儿除了能出现在电视剧里，也就只能发生在梦里了。

可是你以为，对于一个像我这样靠稿费过日子的人来说，在今天的西安城里买套房子难道就不是个梦吗？我妈就说我现在起早贪黑地干一年，还买不了我家卫生间大小的面积。有什么办法呢？房价高得离谱。即便如此，还不是你想买就能买的。前两年我姐单位盖房子，得去开个证明，证明两口子名下都没有房，才能买这房。这不，才几年的时间，买房子又开始摇号了。

我原以为这就好像计划经济时代买粮买油都得凭票一样，是历史走到今天这个新时代里的新产物，结果有一天，突然翻开历史资料，我真是吓了一大跳，就连这限房令唐朝人都走在了我们前面，他们潮得也实在太离谱了。

一千年前的房叔房姐们

前面咱们说过，在土地所有权上，唐朝实行的是均田制，是按“良口三人已下给一亩，三口加一亩；贱口五人给一亩，五口加一亩”的原则授给的。这话的意思是一个三口之家至少可以拥有一亩（约合六百多平方米）土地。当然这指的是普通老百姓。对于贵族呢？还另有规定说：“若京城及州、县郭下园宅，不在此例。”这话什么意思呢？意思就是“有钱能使鬼推磨”，对于一个小老百姓来说，国家对于你拥有的土地那是有严格限制的，但是那些住在长安、洛阳、扬州、成都等城市中的贵族们，他们可不在这些规定的范围里面。

所以，当年白居易的宅院，“地方十七亩，屋室三之一”，如果一亩按 667 平方米计算，白居易一家的住房占地总面积为一万多平方米。这让我们蜗居在小鸽子笼里的打工一族情何以堪呀。

不过这都不算是厉害的。

那位在安史之乱中立下大功的郭子仪家，“在亲仁里，居其里四分之一”。亲仁坊就是我们前面介绍过的长安那一百零八个坊中的一个，其规模也就是个中等水平，有历史学家专门考证过，坊的东西长 1020-1125 米，南北宽 500-590 米。取其平均数计算，亲仁坊面积至少将近六十万平方米。郭子仪的家占了这个坊的四分之一，那就是将近十五万平方米。这样的住宅面积，你问我到底有多大，我可说不上来，但史书上说，在郭子仪的众多宅院中有一条长长的巷子，他的那些佣人们每天在这条巷子里来来往往，彼此见面互相都不知道对方住在什么地方。用这个例子来说明郭子仪家的住房面积到底有多大，够生动形象了吧?

当然我们现在说的都是唐朝的一些王公大臣，在唐朝拥有住房面积最多的其实还不是他们，那些皇宫里面的公主们，才是大唐真正的房姐房妈，比房哥房叔们还要牛气好几倍。太平、安乐、长宁……这些公主们谁都不是省油的灯，一个看着一个的样子比谁的衣服穿得漂亮，谁的首饰贵，谁住的房子大。这种风气由大唐李氏的公主们逐渐蔓延到了他们家的媳妇们，就连宫里的嫔妃也都纷纷效仿，一时奢靡之风盛行。她们买房圈地，只要是她们看上的，想方设法地也要占了来。杨玉环的姐姐虢国夫人就是个例子，她看上了一家人的房子，商量的余地都没有地就要了过来，还美其名曰是“买”，其实跟强占几乎没有什么区别。

事情闹到这一步的时候，大唐的皇帝坐不住了，眼看着大臣们一个个屋舍极其奢华，身边的女人们也个个占房买地，再不想办法制止一下这股奢侈之风，搞不好就得把大唐江山给折腾完了。好，就从房地产开始着手吧。

上有政策，下有对策

其实对于房地产业的整治工作是从唐朝初年就开始的，只不过，似乎历来都是上有政策，下有对策，即使三令五申，唐朝人的楼还是越盖越高，地还是越圈越大，这让皇帝很头疼。

唐初的房屋限购令说“士庶公私第宅，皆不得造楼阁临视人家”，这意思再明白不过了，盖个小平房住着就行了。可是自打大唐开国，那些个王公贵族，真是一家的楼盖得比一家高。前面那几位都不说了，那都是京官，在四川有个叫李晦的，就是个地方官，职务大约相当于现在的副省长吧，不仅给自己的家里盖了小楼，还在小楼的旁边盖了一座四合院，冠冕堂皇地经营起了酒店生意。

既然无论京官还是地方官都能无视朝廷的禁令，平头老百姓自然也就跟着效仿起来了。当然，这些平头百姓指的也只是头上没有官帽，但腰包里却有钱的人。不然盖一座楼也不是玩的，那是要花钱的。韦应物有一首诗说："豪家沽酒长安陌，一旦起楼高百尺。"看到没有，高百尺的楼，那一定是富豪才能盖得起的。而白居易的邻居也绝非等闲人士，"东邻起楼高百尺，璇题照日光相射"。这都是百姓人家的房子，虽然诗人笔下的百尺高楼可能是运用了夸张的手法，但那楼也一定是高得可以了，我相信无论哪个诗人都不会把杜工部笔下的茅屋，写成百尺高楼的样子的。

那一时期社会富足，国家有钱，百姓的日子也好过，他们这样显摆夸富，皇帝也就只好睁一只眼闭一只眼，喜欢盖你们就盖吧。

安史之乱是唐朝社会经济的一个转折点，从此，一个盛世开始逐渐走向衰落，曾经的富贵繁荣终成过眼烟云。尽管一度也出现过短暂的中兴，但也不过是昙花一现。

唐代宗李豫，安史之乱以后的第二位皇帝。

他是在安史之乱结束不久便登上皇位的。眼看着国家遭受了那么大的创伤，代宗痛定思痛，一定要紧衣缩食过日子，重整祖宗家业。公元 780 年，代宗下了一道令："诸坊市邸店，楼屋皆不得起，凡楼阁临视人家，限百日内毁拆。"什么意思呢？唐代宗的意思是说，市民和商人都不许盖楼，对于那些已经建成的楼房，只要站在上面可以俯视其他住户房顶的，都必须要在百日之内拆除掉。唐代宗的这个政策是非常严厉的，也是下了决心要在全国范围内吹起一股节俭过日子的好风气。他不但要求市民与商人不许盖楼加舍，就是政府和官员盖楼也在限制之内，谁敢盖楼加舍，就打谁的板子，绝无二话。

大约这一政令下达之后还是起了些作用的，但是时间一长，就又不当回事儿了。所以六十年以后，又有一位皇帝，把这限房令拿出来重申了一遍。他就是唐文宗。

唐文宗的这道禁令的内容是这样的："士庶公私宅邸，皆不得造楼阁临视人家。于令有违者，仗一百。"几乎是把代宗的话重复了一遍。估计这会儿造房子的风气又有些刹不住了，文宗翻了案宗，想起这一条来，赶紧下道旨，重申一下大唐天子对房产业的规定。

其实纵观唐朝历史，朝廷对于房屋的限制政策其实还是很多的，比如对各级官员盖房子的规格，我们前面都提到过，但好像一直都是上有政策下有对策，只要有钱、有权，能盖房子的就抓紧时间盖房子，能买地的就想着办法地买地，唯独对老百姓那可是一限一个准的。尤其是那个"求田问舍，先问亲邻"的政策，就是说，你买房也好买地也好，不光是要征得原业主的同意，还得征得他四邻族人的同意。如果人家邻居不同意，你就是拿着钱也未必能够买到房。当然这个政策可能是在社会安定上起到了一定的作用，但对于大多数无权无势的百姓来说，想拥有一套属于自己的房子，那可能就难上加难了。

宗教篇

第五部分

第十一章

“和尚”是个好职业

我写上一章关于房子的内容时，我的大侄子正好跑进来。他问我写的是什么，我说我在写假如我真的能穿越回大唐去，我就在大唐买房子。

大侄子有些不屑，他说：“你有这闲工夫在这儿做梦，还不如出去赚钱呢。”我是一个靠写字过日子的人，他让我出去赚钱，我还真是不知道这个世界除了写文章以外，还有什么职业是适合我的。听说现在搞网络平台的比较好赚钱，还有做主播，好像一天的收入能比得上我好几年的稿费。但是这些工作我都做不了。

于是我大侄子说：“那你还真不如穿越回唐朝去。唐朝诗人那也是靠文字过生活的，你看人家李白，在唐玄宗身边吃香的喝辣的。多好的职业！”

我想了想，大侄子这话不对。唐朝的确出了一批非常棒的诗人，但诗人这个职业在唐朝还真不是什么抢手的好饭碗，大部分诗人其实都是吃不饱肚子的。唐朝真正时髦的工作，你们肯定想都想不到，这个工作在当时既能赚钱还有好名声，重要的是，身边总还有群美女围着，跟现在的情形完全不一样。

这职业就是，当和尚。

行也阿弥陀，坐也阿弥陀

如果你今天来西安，你会发现，在西安至今还保留着大大小小许多隋唐时期的佛教寺院。汉传佛教八大宗派中，有六派的祖庭都在西安，这使得西安至今还保有着“佛都”的美名。

其实佛教进入中国的时间很早。公元前 2 年，来自中亚大月氏国的使者伊存把一部《浮屠经》口授给了长安博士弟子景卢，从这儿以后，佛教就开始在中国落地生根了。

但真正让佛教兴盛起来的却是唐朝。

说起来，唐初的几位皇帝对佛教并不感兴趣。打从李渊那儿开始，他就把道教始祖老子奉为自己的老祖先，因为都姓李嘛，所以自然而然推崇道教。直到太宗时期，对于佛教也并不怎么感兴趣。你别看《西游记》里他和唐僧手拉着手又是拜把子又是敬天地的，那都是吴承恩编出来的。真正的情形是李世民根本就不支持玄奘西行，玄奘打了几次申请报告都没有得到批准，只好自己偷偷溜出长安，乔装改扮成难民出了趟国。

玄奘从印度取回来的是印度唯识学的经论，这让太宗大开了眼界，更让大唐的太子李治成了玄奘忠实的粉丝。玄奘后来工作的那座慈恩寺，是李治为了追念他的母亲文德皇后修建的，他一听说玄奘回来之后没有地方译经，立刻腾出来给玄奘用。当时的慈恩寺有

大慈恩寺。大慈恩寺位于今天的西安市城南，是长安城里最著名的佛寺，玄奘从印度取经归来，就是在这里领管佛经译场。

十来座院落，房屋有一千八百多间，比我们现在看到的西安大慈恩寺大多了。

后来李治当了皇帝，更加支持玄奘的译经工作，大力扶持佛教事业。当然这在一定程度上是与他的皇后分不开的，他的皇后就是大名鼎鼎的武则天。

武则天是出家当过尼姑的，这段历史大家都知道。也许就是由于这一段经历，使得武则天对于佛教有了一种特别的情怀。所以，她一坐上女皇的宝座，立即下诏规定佛教列于道教之上，和尚的地位高于道士，这是唐朝第一次明确提出对佛教的尊崇，从此确定了佛教在大唐至高的地位。

西安有不少的皇家寺院遗址，像慈恩寺、荐福寺、青龙寺，都是那个时候皇家敕造的寺院。大唐的上层阶级对于佛的尊崇达到了史无前例的程度。唐玄宗的儿子李亨非常崇拜兴善寺里的一位僧人，经常到寺里听这位僧人讲经说法，俩人的关系非常好。安史之乱爆发的时候，玄宗避难四川，李亨就是在这位僧人的点拨下，迅速称帝稳定了局面。这个僧人就是非常有名的开元三大士之一的不空法师。僧侣干预朝廷政事在后来的唐朝屡见不鲜，他们具有非常高的政治地位，很受朝廷的重视。

这让佛教一时在长安非常盛行，当时的高僧、名僧全都聚集在长安，说法、译经、开道场，包括很多外国僧人也纷纷赶往长安。像电影《妖猫传》里的日本和尚空海，就是不远万里来到长安的青龙寺学法的。他在长安待的时间并不长，学的东西却不少，回到日本以后就创立了一个真言宗。直到现在，日本的真言宗还把中国的青龙寺认作

空海纪念碑

大慈恩寺前玄奘的塑像

是祖庭。

百姓对佛教那就更加痴迷得不得了。白居易有首诗言“行也阿弥陀，坐也阿弥陀；纵然忙似箭，不废阿弥陀。”实在是把大唐人忙着修佛念经的情形描绘得生动极了。当时佛教深入人心，全国各地出现了“家家观世音，户户弥陀佛”的现象，心心向善，人人念佛，甚至有不少屠夫都在佛教的感化下“放在屠刀，立地成佛”。与之相应的，大唐的佛教寺院也空前多起来。

虽说都是佛教的寺院，但在唐朝那会儿，根据规模的大小以及建造方的不同，叫法可大不一样。

有一种是“民营寺院”，就是私人营造的寺院，名字叫法不一，有的叫“招提”，有的叫“兰若”，还有的叫“精舍”，但无论招提、兰若或精舍，规模都不大，相对来说，还是那些官办的寺院显得宏伟壮丽，比如我前面提到的大慈恩寺、荐福寺、青龙寺。唐朝那会儿，这些大型的寺院还有一个名字，叫“珈蓝”，这个是外来词，是从梵语音译来的，指和尚们共同居住的地方，当然就是寺院了。

提到和尚，我又想多说几句。有句话说：“不是所有骑白马的都是王子”，我也补充一句：“不是所有剃光头的都是和尚。”在唐朝，一般的出家人，都叫作“沙门”“沙弥”，或者“比丘”。你要是在唐朝随随便便管个出家人叫“和尚”，那他一定以为你这是要拜他为师父了。因为在唐朝，“和尚”是个非常受崇敬的称谓，好像我们现在的“教授”一样，可不是随随便便能受用得起的。

和尚是个好职业

在唐朝当和尚（我用错词了，这里指的是出家人）有不少的好处，且听我给你们一条一条地说。

唐朝的出家人是不用缴税的，而且因为皇帝看重佛教，所以总是不断地赏给寺院土地，这让寺院的经济发展有了足够的资本，有一些寺院甚至开展了不少的经济活动，让出家人有了非常不错的收入，这大概是当时年轻人愿做和尚的一个原因。

当然，钱还不是最重要的，最重要的是出家人拥有极高的社会地位。“佛能带人走向极乐世界”，作为佛在人间的代言人，出家人无论走到哪里都受到人们的欢迎，是极受尊重的一份职业。而父母愿意让孩子去出家，也是看好这个职业的前途，说不定就能培养出一个好像玄奘那样的大师来，那也是光宗耀祖的事情了。

所以，当时很多贵族子弟都在和尚这个行当里，最典型的，就是历史上非常有名的三车和尚。

三车和尚，也就是窥基法师，他的叔父是唐朝的开国功臣尉迟敬德，所以这个窥基在未出家以前，是一个名副其实的官宦公子。他那会儿的日子过得是怎样呢？当然与大唐其他的贵公子一样了，美女、美酒与没完没了的歌席酒宴，那个时候的他可从不曾想过自己会与佛教扯上什么关系。

但自从他遇到玄奘以后，这一切都改变了。玄奘慧眼识英，见到这个尉迟公子的时候，一眼就看出这是位极有佛缘的人，并且认定他便是自己事业的后继之人。

西安护国兴教寺里的窥基法师舍利塔。

西安护国兴教寺里的玄奘法师舍利塔。

尉迟家里人都为玄奘法师能挑上自家的孩子感到高兴，恨不能大摆宴席以示庆贺，可是过惯了锦衣玉食生活的尉迟公子，又怎么会心甘情愿地去过出家人的日子呢？于是便向玄奘提出了三个条件，出家可以，但第一不能断了他身边的美人，第二不能断了他的美酒，第三不能断了他的美食。

他以为这些条件会遭到玄奘的拒绝，不料玄奘微笑着答应了他全部的要求。所以窥基出家以后，出门常常三车相随，一车装着经论，一车自乘，一车装着美女和佳肴。久而久之，长安城里的百姓便送了他一个“三车和尚”的称号。

玄奘挑选尉迟公子并不是偶然，他一定是有深刻考虑的，无论学识、家世都在他的衡量之内。好在这位尉迟公子并没有辜负玄奘的苦心，做了和尚的他很快就在老师的教导下开始做起了译经的工作。后来，唯识宗的发扬光大全凭了这位三车和尚。所以你千万记住，玄奘真正的得意弟子其实是这位出身高贵的窥基，而不是那个从石头缝里蹦出来的孙猴子。

玄奘还有一位弟子，在历史上也比较出名，他的名字叫辩机。比起他的师兄三车和尚，这位小师弟虽然也跟着师父学经译经，但他出名却不是因为佛法，而是因为一段风流韵事。

看过《西游记》的人都知道，唐僧一路西天取经，遇到的除了妖魔鬼怪，就是对他死缠烂打的美女。有的时候觉得很奇怪，一个长得十分标致的美人儿，怎么会喜欢一个和尚呢？

在这个问题上，人家吴承恩还真是没瞎说。唐朝的和尚，在美女界那还真是很吃香呢。

我们在前面说了，唐朝是佛教鼎盛发展的一个时期，上至皇亲贵戚，下到黎民百姓，人人都信佛。崇信佛教在当时是一种社会风气，是很时尚的事，和现在的追星差不多。

所以那个时候的达官贵人都很乐于与和尚交往，和他们谈论佛经感觉是件很有品味的事情。这让和尚有了更多出入这些达官贵人府宅的机会，甚至可以接触到他们的女眷。

众所周知，唐朝的社会比较开放，对女性也没有特别多的禁忌。除了能在家里接触到和尚以外，那些王公贵族家庭的妇女，还会经常以到庙里施舍、礼佛为名参加一些社会活动，这让她们有了更多与和尚接触的机会。

唐朝的和尚很有文化，一般都具有很高的修养，一旦遇到个长得眉清目秀的，好像就很容易与这些贵妇们发生些什么。辩机就是这样一位既有学识又有长相的和尚，所以高阳公主一见，就喜欢上了他。

高阳是太宗的女儿，嫁给了房玄龄的儿子房遗爱。结果这俩人可能谁对谁也没有怎么看上眼。高阳遇到辩机以后，俩人便开始了一段偷偷摸摸的爱情之旅。

听我这么一说，和尚这个职业，又有“钱”途，又有社会地位，又有美女缘，就连富家子弟都在这一行里，难道还不是一个好职业吗?

那请问该怎么入行呢?

和尚不是想当就能当的

这世上但凡有什么事情成了热门，就不是那么轻易可以得到手了。工作也一样，应聘的人多了，就会有竞争，有竞争就会有淘汰。所以即使是和尚，在唐朝也不是你想干就能干的。你要是不信，我给你举个例子，就是大家都熟悉的玄奘法师。

《西游记》里的玄奘是从小被收留在寺院里长大的，但真实情况不是这样的。玄奘的俗名叫陈祎，爸妈死得早，他小小的年纪是跟着哥哥在洛阳的净土寺里长大的。也就是说，他哥本来就是个出家人，他整天跟哥哥住在寺院里，听那些和尚们打坐念经，所以早早地就结下了佛缘。陈祎唯一的理想，就是当一名出色的和尚。

十来岁时，有一天，他听说朝廷要在洛阳剃度 27 名和尚，就好像今天的一位有志青年突然收到了要招公务员的消息一样兴奋，一大早兴致勃勃地就赶去报名了。等到了那儿的时候一看，前面已经有好几百人在排队了，其中有不少人还是对佛法深有研究的人，他一个十来岁的孩子，人家连名都没有给他报，就把他打发走了。

但陈祎不甘心，他就是想要当和尚，于是趴在门缝里朝里张望，反正说什么就是不肯走，这就被当时负责招考和尚的大理寺卿郑善果看到了。

说起来，颜值高有的时候还真是能起到一定的作用。陈祎长得就好，浓眉大眼，细皮嫩肉，一看就讨人喜欢，所以郑善果并没有赶走他，反而问他："小孩儿，你在这里干什么？"

陈祎说他想要当和尚。

郑善果看他年纪小，以为他说着玩，就问他为什么要当和尚呢？陈祎当时就说了一句特别有远大抱负的话，一下就把郑善果给征服了。他说："我想继承佛祖释迦牟尼的事业，让佛教教义发扬光大，留传百世。"

郑善果为这个小小的孩子口中能说出这样的豪言壮语感到吃惊，心想你这个年纪就想要继承释迦牟尼的事业，那我倒要考考你。于是就问了陈祎很多关于佛法的问题，结果陈祎竟然都能对答如流。郑善果简直就像发现了神童一样高兴，当场拍板破格录取，取法名玄奘。

从陈祎到玄奘，这个故事至少让我们看到两点：第一，那时候争着当和尚的人的确不少，都是排着队来剃度的；第二，要当和尚还真不是那么容易的。千万别信电视剧里演的那一套，什么时候突然觉得看破红尘了，找个庙门走进去，剃了头发那就是出家了，哪有那么容易的事儿呀。

在长安城里，有一个专门管理出家人所有事务的部门叫"祠部"，他们会根据每个地区的人口数量与当地的实际情况，来规划每一年这个地区有多少位有志青年可以落发为僧。然后，再根据这个数量发放一定份额的度牒到这个地区。什么是度牒呢？简单说，就是国家发给出家人的从业证。没有这个度牒，纵然剃了头，穿上了袈裟，那也是个假和尚。

那么，如何才能拿到这个度牒呢？

首先，要考察你的家庭，家世是否清白；然后，还要考察你这个人，品格是否高尚，有无犯罪前科，有无不良嗜好；最后，还要通过文化考试。当然如果你这些都不出众而你们家又特别有钱，那也可以通过关系买一份度牒。可一份度牒到底要卖多少钱呢？这可就没有什么定数了。最贵的时候，有个屠夫，觉得自己一辈子杀猪宰羊的罪孽深重，想要出家赎罪，他花了三万钱买了份度牒；但在晚唐时候，江南某地为了敛财，也卖过两千钱一份的度牒。

这就要看你的运气啦。

第十二章

道士传说

前几年，有个美国人出过一本书，名字叫《空谷幽兰》。写的是这位美国人在长安开启的一场对于终南山隐士的探寻之旅。

说起隐士，你大概和我一样，马上就想起了四个字——仙风道骨。他们也许都应该是这样的：头上绾着高高的髻，胸前飘着长长的须，说出来的话高深莫测，总得你琢磨十天半个月的，才能明白他说的是什么。他们跟和尚在你心目中的形象完全不一样，总有着一股子神秘的色彩，甚至还带着些仙气。

我说得没错吧?

《空谷幽兰》里的隐士多半是道士，和尚很少有隐居的。中国的和尚讲究入世，像我们前面讲的，他们有很多人是要参与国家政治的。但道士就不一样了，道家讲出世，讲顺应自然，无为而治。

道教与佛教的另一大不同之处在于，佛教是外来的，而道教是中国土生土长的。有点儿文化的人都知道中国有个老子，春秋时人。那是好几千年以前的事情了，这个人在当时也是个“愤青”，好好的工作说不干就不干了，骑了头青牛就要“世界那么大，我想去看看”，结果走到潼关的时候被当时的令尹给拦住了。这令尹名喜，是个人物，一眼就看出了这位骑青牛的头顶飘着一股紫色的云气，料定此人绝非等闲之辈，就拦下了他，非得让他留下点什么才肯放他过关。于是老子洋洋洒洒写了五千字，留下了那部了不起的《老子》。

《老子》后来被奉为道家的经典，而老子也就成了道家的老祖宗。

你一定要问，咱们本来在说大唐的故事，把老子扯出来干什么呢？这是必须的，老子姓什么？姓李。大唐谁家的天下？李家的呀！

连你都想到这个问题了，老李家的人，能想不到吗？

一笔写不出两个“李”字

前面咱们说过好几次了，老李家的出身是北狄的鲜卑族。说白了，不管他们后来建立起来的唐朝有多么了不起，可是这胡人的血统总归是让老李家人感觉没面子的。尤其是在面对那些有着显赫家世的旧贵族们，李家人总觉得是有些抬不起头来的。

这怎么办呢？

这就和那些寒门的子弟一朝发达了，都得在朝里找个有权势的干爹或者老丈人，来抬高自己的身世一样，老李家拿了天下，也得找个有头有脸的祖宗，于是他们想到了老子。

老子姓李，名耳，道教祖师爷，现成的高门槛，这个亲不攀白不攀。所以，李渊这边儿刚建立了大唐，那边儿就急急忙忙地拜了老子做祖先，还花大价钱重修了楼观台。

楼观台在终南山下，距离长安并不算远。有一种说法，说当年那个关令尹喜截下了老子，就把他带到了终南山，这里有尹喜自己盖的一座小楼，取名“楼观”。老子在那里写了五千言，就骑牛西去了。从此以后，这位令尹工作也不要了，每天就在这楼观里潜心研究老子留下的这五千言，并把它当作一种学术思想发扬光大。到了秦始皇二十八年，嬴政在这个地方建了座清庙以纪念老子，之后汉武帝又在这儿建了座老子祠。从此，楼观台便成了道教的发源地。

到了唐高宗李治时期，对于老子的认亲活动就进行得更加没羞没臊了，他直接追封老子为“太上玄元皇帝”，这可是个非常不得了的封号，比太上皇还要大好几个级别。纵然他的老婆武则天对于佛教痴心一片，但碍于整个老李家都拜了老子当祖宗，那她也就只好封老子的母亲为“先天太后”了。

到李隆基做皇帝的时候，有一天，他突然做了一个梦，梦见一个白胡子老头，说他就是老子。这梦不知是真是假，反正李隆基醒来以后是坐不住了，立即下令重修楼观台，并说梦里老子交待他了，说在楼观说经台附近有老子的玉像一尊。派人去挖，果然还就真挖出来了。李隆基诚惶诚恐地把这玉像迎回兴庆宫，在大同殿里供奉着，还下诏全国各地都要设玄元皇帝庙，并且在长安招了一大批学生，专门学习老子留下的五千言。为了显示对这本书的重视程度，他还把《老子》从此改为《道德经》。这“经”的意思，当然就是比一般书的规格要更上一个档次了，受重视的程度自然也就不一样了。

此后很长一段时间，道教与佛教并行，两家各不相让，谁也不服气谁。但是，佛家有一个天然的优势，就是“佛”取得了民心，

老子的讲经台

楼观台全景

“道”行再高深，离老百姓的日子总是有些远，纵然背后有皇帝在撑腰，但佛教一直却处于领先道教的优势地位。

事情一直发展到唐武宗时期，武宗是个坚定的道教徒。他身边有个道士叫赵归真，天天在皇帝耳朵边儿上说要一扫佛教的歪风。正是瞌睡找枕头的时候，偏偏这些佛教的僧人们，还真就给人家递上了个枕头来。

到了武宗时期，中国已经成为世界佛教的中心，寺院经济更是得到了前所未有的发展，他们占有大量的土地，要么是皇帝赏的，要么是有钱人送的。因为唐朝的法律规定了寺院里的僧尼不仅拥有土地所有权，而且还不用缴税，所以那个时候的寺院全都肥得流油，僧尼们也都一个个成了穿着袈裟的地主。

他们有了钱以后，就想要钱生钱，于是偷偷地搞信贷业务，开当铺，放高利贷，有的还以救苦救难的名义到处敛财。因为他们所有的收入都不必缴税，等于赚多少钱全是他们自己的。你说，如果你是皇帝，能允许这样的事情存在吗？更何况寺院里这种优越的条件正在吸引着越来越多的人开始剃头去当和尚，那全国其他的行业要怎么办呢？

抓着了这个“枕头“，赵归真就开始在唐武宗面前大做文章，终于鼓动了自大唐建国以来最兴师动众的一场灭佛运动。

这场灭佛运动对佛教的打击是致命的，寺院能毁的全毁了，僧尼该还俗的全部都还了俗。自此道家独领风骚，佛教一蹶不振。

说到这儿，你一定会问，一个九五之尊的皇帝，为什么会听道士的话呢？怎么，难道你真的忘了吗？道家有个看家的本领，就是炼丹

素面双耳提梁银锅。西安市何家村出土的这种唐代提梁银锅有5件，都是用来炼丹的。陕西省历史博物馆展出。

治病，可保长生不老呀。哪个皇帝不想长生？哪个皇帝不害怕生病？只要道士们说他们能让皇帝青春常在，有哪个皇帝不愿意听从他们呢？

唐朝有不少皇帝跟道士打成了一片。

唐宪宗就是个例子。唐宪宗本来是个挺有作为的好皇帝，元和中兴是他一手创造的辉煌，只可惜好景不长，就是这么个挺有作为的好皇帝，却迷上了修仙术，整天在三清殿和一群道士学炼丹，不问朝政，最后死在了宦官手里。还有什么唐穆宗、唐敬宗、唐宣宗，包括唐武宗，这些皇帝全都被道士那长生不老的丹药给哄得五迷三道，但哪一个也没真的长生不老。他们也不想想，真要有那长生不老的仙丹，这世上哪有他们老李家的天下呀，秦始皇肯定活得好好的，这天下说不定还是人家老嬴家的呢。

有一种理想，是位列仙班

提起道教，总会想起一股子的仙气，道家好像天生有种与众不同的气质，要不怎么会有“仙风道骨”这个词呢？没有错，这就是道家那不食人间烟火一般的气息赋予给他们的可以被假想的、仿佛是神仙一般的气质，这是道家与佛家不大一样的地方。

其实道家与佛家还有很多不一样的地方，但又有很多地方很近似。佛家有西天佛祖，道家就有玉皇大帝，佛家有这个菩萨那个罗汉的，道家就有这个神仙那个魔王的。你仔细回忆一下《西游记》这本书，其实吴承恩那就是个典型的民族主义加爱国主义者。他把佛家和道家揉和到了一块儿，结果最后是佛家一有事儿，都得请道家的神仙来帮忙。妖怪打不过了，和尚又被捉了，没有哪一次不是被神仙出手救了的。

这些神仙都是打哪儿来的呢？他们全是道家根据中国民间的传说，仿着佛家的世界给编出来的，而且有着一整套完整的神仙体系，最高级别是“三清”：玉清元始天尊、上清灵宝天尊、太清道德天尊。其中这位道德天尊大家最熟悉，就是给孙悟空炼了个火眼金睛的太上老君。

三清之后是五老君，分管着东西南北中五个方位，接下来是天帝，天帝也是分了六个方位，上、下、南、北、东、西各管一方，玉皇大帝居上排第一，管理着天上的诸位神仙；另外还有北边中天北极紫微大帝，管理着日月星辰；西边的勾陈上宫天皇大帝，是管理天下的兵革战争的；南边的长生大帝，也就是咱们常说的寿星，管理着天下万物生灵；下边的承天效法后土皇地祇，管理着山川大地，这是位女神仙，老百姓都叫她后土娘娘；东边的东极青华大帝，也就是咱们常说的太乙真人。

天帝底下还有各路的神仙，什么风雨雷电、草木山川，包括看门的有门神，厨房里有灶神，就连牲口圈里都有马牛瘟神。总之这地上有一行，天上就得有一神。他们经由道家一点一点地描划，到了唐朝这会儿，基本上算是各路神仙全都到齐了。包括后来大家非常熟悉的八仙，这个时候也陆续地有了张果老、吕洞宾和韩湘子。他们也是娘生爹教养，和平常人没有什么区别。但是，他们都修道，比如这个张果老，原名叫张果，就是隐居在中条山的一个道士。据说此人修炼得已经到了出神入化的地步，精通各种道术，后来有一天，突然就闭上眼睛化仙而去了。还有一个吕洞宾，此人考过进士，但却不热衷于仕途，整天一个人待在家里思考人生，有一天突然离家出走纵游天下，后来就做了神仙了。另有一位韩湘子，还是大文豪韩愈的亲侄儿，这孩子，对做官没兴趣，对娶老婆也没有兴趣，独独对修道有兴趣，最后也修成正果，成了神仙了。

这些凡人能成仙的例子太具有励志效果了，所以纵观整个大唐，无论是贫苦百姓，还是皇亲贵族，有太多的人纷纷加入了这个想要修道成仙的行列中来。随随便便数一数，大唐的公主们像什么金仙啦，玉真啦，永安啦，安康啦，全都做了女道士；做官的也不少，比如那位写下“少小离家老大回”的贺知章，还有一位大宰相姜公辅，他们都修道。当然这些人也未必个个都想当神仙，其中也有不少是因为生活过得不怎么顺心，想借修道的清静来躲避现实的；还有一些人，是因为身体不好，真的就在道士这儿求医问药把病给看好了，从此迷上这一道的；更有一些人，是看淡了功名利禄，选择退隐山林潜心学道的。

总之，每个人都有每个人入道的理由。

他们入道以后，主要课程就是每天练习气功、炼服丹药、炼黄白术（道士们以为他们真的神通广大，把一些铜、铅、锡之类的金属通过他们的点化，就能变成真金白银。这个技术，就叫黄白术）。这些修炼课程主要流行于那些想要升仙的、求长生的包括皇帝在内的有钱有权的阶层；老百姓间也有道术流传，但仅仅是些求符问咒、行医卜卦的，比起那些想要寻求长生不老的人们来说，这还都只是些生老病

盛丹药的银罐。
唐朝盛行炼丹之风，
这些何家村出土的小银罐，
是当时用来盛放丹药的。
陕西省历史博物馆展出。

死的问题。

有没有人真的修成了神仙呢？据我所知，目前还真没有。毕竟修道成仙实在是件太费时间的事儿。做神仙毕竟太难，还是先把人做好了再说吧。

在大唐，你知道还有这些“教”吗？

有一种说法，说中国人没有宗教信仰，不像西方人对上帝、穆斯林对真主那样，无论从外在到内在，都迷信得一塌糊涂。中国人为什么没有宗教信仰呢？大概是因为孔老夫子的儒家学说太深入人心了，在中国社会几千年的潜移默化，其实早已是一种信仰了。

所以那么多年过去了，无论外来的哪一种宗教，企图通过传教的方式来占领中国人的精神世界都没有成功。在这些外来宗教里，对中国人影响最大的是佛教，最终还被汉化了。除了佛教以外，还有其他宗教，也曾在唐朝的时候随着丝绸之路陆陆续续来到了长安，但一直保留下来的，还是伊斯兰教。

现在的西安人，管伊斯兰教叫回回教，因为教徒全是回族兄弟，每天戴着小白帽，定时定点在清真寺里做礼拜，这些清真寺有不少是唐代那会儿就有的。

唐高宗时期，长安城里来了一批阿拉伯人，一行二十三人，他们是来拜谒大唐皇帝的，顺便来开开眼界，看看繁华的长安城。这些阿拉伯人有个共同的称呼，叫作穆斯林，这是个音译词，意思就是伊斯兰教的信奉者。所以，既然他们都来了，他们的伊斯兰教自然也就跟

清真大寺礼拜大殿。
图为西安市化学巷清真大寺里的礼拜大殿。
化觉巷清真大寺为西安最大的清真寺，始建于唐代。

着一起来了。

之后，来到长安的穆斯林越来越多，这些人多半儿是来做生意的，这些穆斯林喜欢长安的生活，有很多人来了以后就不想走了。

但这些穆斯林有一件非常麻烦的事情，就是他们不管走到哪儿，每天都得向他们的真主做礼拜，要有礼堂，有寺院，这是雷打不动的事情。可是他们大老远地从阿拉伯到长安，总不能把寺院也背着一块儿来吧。所以说，大唐的皇帝真的是非常有包容心，也很大方，就给这些穆斯林批了一块地，让他们在那里盖清真寺。从此那些来长安的穆斯林就围绕着清真寺定居下来了，现在被炒得火热的回民坊，就是这么形成的。

除了阿拉伯人以外，波斯人也把他们的宗教带来了。如果你现在来西安，乘坐地铁到开远门站的时候，就一定会在站台的广播里听到“景教寺”的介绍。这景教，就是波斯人带来的宗教。

啥是景教呢?

所谓景教，其实是基督教的一个派别，叫聂斯脱里派，是从当时的希腊东正教分离出来的，因为有点异端邪说的意思，就被逐出了教会，后来流传到了波斯。公元635年，一个叫阿罗本的波斯人把它带到了长安，“景教”是它在大唐的名字。这应该是最早到达中国的基督教，但因为是外来的，所以武宗灭佛的时候，连同佛教一起被禁止了。

除了景教以外，还有摩尼教，也是波斯人的宗教，大概是在武则天时期，经由回鹘，也就是咱们现在的新疆地区传入长安的。摩尼教在长安并没有起过多大的风浪，在武宗灭佛时同样被打击了。但摩尼

（唐）大秦景教流行中国碑。
现藏西安碑林博物馆。

教却偷偷地藏着种子，悄悄干起了“地下工作”，他们很懂得走群众路线，逐渐在民间慢慢发展，重新改头换面，形成了明教。明教后来逐渐演化，就变成了我们经常听到的“白莲教”了。

还有一个祆教。“祆”字发“先”的音。祆教是波斯人的国教，因为信奉火神，所以又叫拜火教，在基督教诞生以前就已经很“火”了。祆教到中国的时间也比较早，大约是在南北朝时期，不过要说鼎盛时期，还是在唐朝。那时候，长安城里祆教的教祠特别多，朝廷里还专门设有祆官，位从七品，可见当时朝廷对祆教还是非常重视的。只是，因为是异教，所以同样没有摆脱被武宗消灭的命运。到了今天，咱们几乎都不大认识这个“祆”字了，因为这个宗教目前已经很少有人提啦。

文化教育篇

第六部分

第十三章

永远的唐诗

说起唐朝来，你觉得最有名的会是什么呢？是辉煌的大明宫？是穿得特别惊艳的大唐美女？是胡姬的酒肆？都不对。要叫我说，唐朝最有名的，当然是唐诗。

自打我还没学会认几个字儿的时候，我妈就教我念："两个黄鹂鸣翠柳，一行白鹭上青天"；想要块儿糖吃，得先背个"白日依山尽，黄河入海流"。一首不行，再来首"鹅，鹅，鹅，曲项向天歌"。

我估摸着，每一个在中国大地上长大的孩子，差不多都被家里人像这样逼着背过唐诗吧？为了背诗，怕是打也没少挨过吧？

但你知道吗？莫说是背诗，就是写诗，这在咱们看起来非常困难的事情，在唐朝却是多数人的日常。随随便便在酒吧里唱个小曲，逗个闷子，说不定就能吟一首绝句或律诗出来。前面我说过，就连娶个老婆，都得作一首诗呢。

大唐人就是这么有文化。

唐诗，你真的懂了吗?

我周围有不少人也写古诗，五言、七言、绝句、律诗，时不时地就有人发个朋友圈，整整齐齐地来那么几句，偶尔还真能见到些有模有样的，合辙押韵，很有几分古人的模样。我有时也写，兴致来的时候，冒几句：

人生快意何须酒，一盏清茶皆可休。
万里长风逐秋月，我随秋月散闲愁。

有一天，我那愣头愣脑的大侄子又跑进我书房来，看我在念书，不知怎地就想起来问了我一句："最近咋没见你写唐诗?"

我只好放下书，心平气和地告诉他："纵然打死我一百回，我也不可能写得出一首唐诗来呀!"

诗这种文学体裁很早很早以前就有了，那时候的人穿着兽皮做的衣服，拿个弹弓在林子里打只鸟儿回来就能当饭吃。可即使是那样，他们就已经学会了写诗："断竹，续竹。飞土，逐肉。"别看就这八个字，但这就已经是诗了。什么意思呢?意思是砍断了竹子，做个弹弓，然后装上石头去打猎物回来当肉吃。你别笑，这还真就是古老的劳动人民在生产生活里创造出来的诗歌艺术。你以为诗从一开始就只属于诗人吗?当然不是。咱就说《诗经》吧，那里面大部分都是劳动人民唱的小调。那还是周朝，朝廷里有一个专门负责采集这些民歌的部门，他们没事的时候，就经常下到基层，去听老百姓干活的时候唱的歌，然后把它们收集整理出来，后来经过孔子删删减减的，就成了现在能看到的这部《诗经》了。

《诗经》里的诗和唐诗不一样，以四个字一句的为多，像咱们成天念的“关关雎鸠，在河之洲；窈窕淑女，君子好逑。”这叫四言诗。

大约到了秦汉时期，国家有一个专门的机构教人学习唱歌跳舞，这个部门叫作乐府。乐府要教人唱歌，就得有歌词。所以，就出现了一大批乐府诗。我念一句大家最熟悉的：“少壮不努力，老大徒伤悲。”这是汉乐府里的一首《长歌行》里的句子。最早的五言，已经不同于《诗经》里的四言了。

再往后，七言诗就开始风行了。

其实七言诗出现得比较早，楚国大夫屈原的《楚辞》里，就有“路漫漫其修远兮，吾将上下而求索”的七言句子，后来魏晋的时候也有人写七言，但要说真正的流行，还是唐以后的事情了。

说到这里，你就已经知道了，不是所有的七个字一句，或者五个字一句，连成四句八句的那都是唐诗。后面还有宋朝人作的诗，明朝人作的诗，清朝人作的诗，比方说，“人生若只如初见，何事西风悲画扇”，虽然从形式上和“两个黄鹂鸣翠柳，一行白鹭上青天”是一样的，但千万不要把它叫唐诗，因为它是清朝人做的。唐诗，仅仅只是唐朝人作的诗。

诗到了唐朝，又有新话题了。

唐朝以前的诗，有一个统一的名字，叫“古风”，也叫古体诗。注意，虽然唐诗距离我们已经一千多年了，但它却有一个非常年轻的名字叫“新体诗”。为什么唐朝的诗会区别于以前的诗而被叫作新体诗呢？因为唐诗开始讲究起了声律与对仗。这是一种作诗的技巧，不是专门学习这种作诗技巧的人还真不好掌握。

咱们先说声律。新体诗有着严格的声律要求，在一首诗里，哪一个字用平调，哪一个字用仄调，都是规定好了的，好像做游戏必须遵守游戏规则一样，如果用错了，是要被人笑话的。

接下来是对仗。对仗是相对于律诗而言的。

什么是律诗呢？从句子的多少来看，律诗要比绝句多一倍。绝句只有四句，而律诗是八句。像下面这一首韦应物的《夕次盱眙县》就是一首标准的五言律诗：

落帆逗淮镇，停舫临孤驿；
浩浩风起波，冥冥日沉夕。
人归山郭暗，雁下芦洲白；
独夜忆秦关，听钟未眠客。

除了句式与声律的要求以外，律诗最要紧的，是讲究中间两联必须要对仗。在“浩浩风起波，冥冥日沉夕”这一联里，“浩浩”对“冥冥”，“风起波”对“日沉西”；下一联“人归山郭暗，雁下芦洲白”也非常整齐，“人归”对“雁下”，“山郭暗”对“芦洲白”，一点儿都不乱。

当然，除了这些以外，律诗还有其他很多的讲究，不是三两句就能说得明白的，我在这里也只能点到为止了。但总归一句话，你可千万不要以为，随便凑几句七言或五言连在一起，就说那是“绝句”或者“律诗”，没有一定的格律，基本只能算顺口溜，当然也可以叫作“打油诗”。

唐朝的诗人 = 男人。那是谎言

说完了唐诗，咱们就得来说唐朝的诗人了。

诗这种文学体裁发展到唐朝，那可算得上是真正的黄金时代了。为啥这样说呢？因为从隋朝开始，录取官员的形式发生改变了。在隋以前，你想要做官，是靠你们当地人推荐的，然后有人专门对你进行品评。你的人品、家庭出身、学识修养等这些方面考察完了之后，会给你一个综合的评分，合格了，保送；不合格，pass。这叫作九品中正制。

但是隋朝彻底改变了这种靠关系朝上爬的路子，想要做官，全凭你的本事——这就是后来的科考制度。

隋朝时间很短，几十年一晃就过去了。到了唐朝老李家人当皇帝的时候，虽然是他们亲手掀翻了隋朝的天下，但是他们觉得隋朝人搞得这个科考制度还是很给力的，能让太多埋头读书的有志青年得到大展宏图的机会，就继续沿用了这个人才选拔的制度。

那么科考制度考的是什么呢？化学、物理、代数、几何？错，大错特错。科举制度重点考的是你的文采。会不会解 X+Y=Z 并不算特别重要，重要的是你得会写“妆罢低声问夫婿，画眉深浅入时无”这样文采飞扬的句子。

“妆罢低声问夫婿，画眉深浅入时无”是唐代诗人朱庆馀写给另一位著名诗人张籍的。这个张籍当时在朝里当官，是个水部员外郎，而朱庆馀还是个刚刚到京城赶考的小菜鸟。当时流行赶考的书生在未进考场以前，得先让一些大家名家知道你以及你的文采，好让他在他的朋友圈里替你宣传宣传。所以，你得先把你平时的诗文整理好了，带在身上，到了京城遇到个能识人才的伯乐，赶紧递给他看，这在当时叫作“行卷诗”。

朱庆馀认识了张籍以后，就把自己的一卷轴“行卷诗”交给了他。张籍一看，大喜，这么好的诗，这么优秀的青年，随即就在他的朋友圈里替朱庆馀张罗开了。可是朱庆馀还是觉得不踏实，考完以后，又跑来找张籍，想问“也不知道我能不能考中啊”，但是又不便明说，于是作了这首“洞房昨夜停红烛，待晓堂前拜舅姑。妆罢低声问夫婿，画眉深浅入时无”的七言绝句。啥意思呢？是说新媳妇头一天过门，早上起来要去见公婆，心里有点吃不准，就问丈夫，也不知道自己的妆化得好不好。

多巧妙的构思，张籍一下子就听出他的意思了，当时也回了他一首：“越女新妆出镜心，自知明艳更沉吟。齐纨未足时人贵，一曲菱歌敌万金。”意思是说，像你这样的水平，还有啥好担心的呢？

咱们现在高考，是以分数定成败。所以从幼儿园开始，家长们就跟疯了似的，紧紧地盯着娃娃们的成绩，多一分少一分都是要紧的事儿。唐朝人看文采呀，所以唐朝的家长们，从小就培养孩子们作诗写文的本事，唐朝有多少人奶牙还没有换完就能出口成诗的，多得数都数不过来了。

在这种教育机制下，不多出几个诗人那才怪呢。所以，从初唐四杰的王勃、卢照邻、杨炯、骆宾王，到后来的大李杜（李白与杜甫）、小李杜（李商隐和杜牧），还有什么田园派的王维与孟浩然，边塞诗人王昌龄、高适，多得好像天上的星星一样。不过这些都不足为奇，这些人从小都是被当作种子选手去培养的，吟诗作对对于他们而言是必修的课程。然而女孩子就不一样了，科考不要女孩子呀，所以爹妈就觉得，一个丫头片子，能把针线活做好了，将来找个好婆家，那才是第一要紧的事情，至于作诗嘛，还是留给你的兄弟们去研究好了。

可是，偏偏就有那巾帼不让须眉的，唐朝的男诗人固然像天上的星星一样多，可那些才貌双全的女诗人也是很了不得的。第一个就得说薛涛。

薛美女会作诗的年纪，大约相当于咱们现在的小学二年级。不要张大了嘴那么盯着我看，这是真的。可惜她命不好，早早地死了爹，后来沦落成了官伎。不过好在她认识了中年大叔韦皋。在韦大叔的照应下，薛美女很快如鱼得水，凭着高颜值与高智商，尤其是她作诗的高水平，一下子名声大起。这就难免引得一群男粉丝爱在她身边打转转，更有那些男诗人们，天天喜欢跟她你唱我和的。这下韦大叔不乐意了，一翻脸给了她个教训，直接贬到军营去慰边了。

薛美女受不了军营里的苦，写过一组《十离诗》，算是给韦大叔的忏悔信，像什么鱼儿离了池水，“不得清波更一游”；毛笔离开了手，“不得羲之手里擎”；什么鹦鹉离了笼，“不得笼中再唤人”等等这些吧，其实就是委婉地向韦大叔表示，我离开了你，的确很后悔。大叔心一软，就又把她叫回去了，只是两个人的关系再没有复合，没过多久，大叔就暴病而亡了。

中年以后的薛美女遇到了她的第二段爱情——风流才子元稹，这是一场姐弟恋，此时薛美女已经人老珠黄，而元才子还正意气风发，虽然爱情很甜蜜，不过现实总是很残酷——这场爱情无疾而终。

晚年的薛美女每天独坐在小溪边，用红笺写好了诗，放入溪中，让它们顺水漂去。这笺是她自制的，尺幅的大小正好适合写一首小诗，很是有些情调。所以也有人说，薛美女后来加入了造纸业，不知是真是假，但是她所创下的这“薛涛笺”倒是的的确确在中国文化史上留下了非常美丽的一笔。

还有一位与薛涛一样好看，又特别会作诗的唐朝美女，就是我们前面提到的那位被李亿的大老婆送去道观里的鱼玄机。“易求无价宝，难得有情郎”就是这位美女诗人的真情之作。

真是幸福的女人都一样，不幸的女人却各有各的不幸。鱼玄机和薛美女一样好看，和薛美女一样会作诗，也和薛美女一样没有遇到一个能真心愿意爱护她一辈子的好男人。

鱼玄机写过“自恨罗衣掩诗句，举头空羡榜中名”的句子，什么意思呢？站在大街上看着人家男人们都进了考场去考功名了，自己空有这能诗能文的才学，可惜却是个女儿家。而整个大唐，像她与薛涛这样的女诗人还有很多，那首“劝君莫惜金缕衣，劝君惜取少年时；花开堪折直须折，莫待无花空折枝”就是唐朝的另一位美女诗人杜秋娘写的；还有我们前面讲到过的那位偷偷爱上邻居家小哥的晁采姑娘，“侬赠郎丝衣，郎遗玉钩子。郎欲系侬心，侬思著郎体。”你看，这么妙的句子，虽然不敢比李大诗人那“君不见黄河之水天上来”的气魄，但却也玲珑可爱，把小女人那细腻婉转的心思写得多到位啊。所以说，在作诗这件事情上，“谁说女子不如男”？

唐朝人念诗，真的是用“关中话”吗?

陕西人有的时候很可爱，觉得一千多年以前的唐朝在我们家门口搞出了那么大的动静，长安城那么个国际化的大都市，谁能比得了，就觉得好像这样的荣光足以照耀几千年几万年似的。有一天在小区门口见一哥们敞着怀，正天南海北地跟人闲聊天：“这要是在唐朝，咱现在说的这话就是普通话。咋，李白杜甫念诗，用的都是咱这话。”

很多陕西人都这么以为。“床前明月光，疑是地上霜；举头望明月，低头思故乡。”他们坚定地以为作者的原创是用陕西方言念出来的，因为他们坚定地相信，在唐朝那会儿，既然西安这块地方是“首都”，那当时的“普通话”自然就应该是关中话。

所以讲到这里的时候我是有些为难的，都是乡党，你让我告诉他们说我们这关中方言和人家唐朝的“普通话”压根儿没有半毛钱的关系，多打击他们呀。可你要是不让我说吧，实在是怕他们哪天又这么张狂着，拿关中话念的唐诗当作全国人民的典范，那我又得有多不好意思呀。

乡党们，唐朝的诗人可未必个个都是长安人呀，他们也未必个个都讲长安话。比方说李白，他是从四川来的，而要论起他的老家，那可是一竿子就戳到国外去啦。还有杜甫，是个河南人。孟浩然，是个湖北人。难道说这些人为了写首“朝辞白帝彩云间，千里江陵一日还”或者“国破山河在，城春草木深”，还得先把长安话学会了吗?

可如果不是这样，那难道说，当时这些诗人在作诗的时候，都是南腔北调吗？当然也不是，唐朝也是有“普通话”的，但真不是关中话。这要说起来，话就长了，至少得把时间往前挪上几百年。那会儿还是司马氏的天下，他们的“首都”是今天河南的洛阳，他们那会儿的普通话，还是以洛阳话为基准的“洛下音”。后来，北方的一些游牧民族看上了中原这块风水宝地，再加上司马氏家族自己也不争气，整天窝里斗，这内忧外患的，洛阳就待不去了。他们想了个主意，拖家带口地纷纷往南边跑，跑到了今天的南京，在那儿又搞了个新朝廷，就是东晋。

这些从洛阳到南京的东晋士族们虽然是移民过去的，但那会儿跟现在不一样，南京发展远远比不上洛阳，所以这些从洛阳过去的人就很有从中央到地方的优越感。他们照样说他们的中原话，本地人呢?当然是吴侬软语喽。东晋是朝廷势力，他们说的话，在当时的吴人眼里，自然是官话。所以，也会学习他们、模仿他们。而这些朝廷势力毕竟是到了人家吴人的地盘上，他们也不会把自己围个圈子孤独地过日子，所以很快，他们就开始与吴人通婚、做朋友。这样一二百年过去了，他们的语言与当地的语言相互融合，重新形成了一种新的语言，就变成了带有洛下音的吴语。

后来，隋朝统一天下的时候，自然也要想到关于语言的统一问题，要不然，满朝文武有打南边来的，也有打北边来的，你一言我一语的，谁也听不懂对方说的话，还怎么坐在一起工作呢？那么到底定哪一种语言为标准的"官话"呢?

当时首先有人提出来，当然是要恢复到之前的洛下正音为标准。问题是，当时的洛下正音已经吴化了。那么就以留在北方的洛下音为准吧，但北方音也被游牧民族胡化了。这个争论僵持了好一阵子，最后终于确定，这个官话就以南去的一支洛下音为基础，再参考留在洛阳本地的北音，确定了一种十分复杂的音系，这就是后来的中古音。有一个叫陆爽的人，把这套音系写成了一本书，教大家来学习这种语言，这书的名字叫《切韵》。

《切韵》一经出版，在得到了官方的认可以后，很快就在文化界得以推广。同时，国家号召所有的教育机构都用《切韵》为教材，要求全国各地的学生无论写诗作文，都以此为标准，这才是当时诗人们念诗的标准音。

所以，如果你对唐诗有那么一些了解，就会知道，在仄音里有一个入声，它不同于咱们现代汉语发音里的任何一个声调，非常短促，出生于北方的人根本不知道这个入声是如何发音的，但这个发音却在今天的吴音里还能找得到。

所以在这儿，我非常心痛地告诉我的陕西乡党们，大唐人民的唐诗，真不是用咱关中话念出来的，人家念的唐诗，是用南方人那唱着歌儿似的吴侬软语，而不是陕西人那吼秦腔似的长安调。

别打我，我说的是实话。

第十四章

这么有学问的唐朝人，怎么教出来的

听我前面说了关于唐朝人与唐诗的故事，是不是觉得他们还真是挺有文化的，一个乳牙都没换完的丫头片子，张口都能来几首文绉绉的诗，好想打听一下，她的妈妈是怎么教她的呀，都报了哪些兴趣班？平时都看什么课外书？学校里教些啥课程呢？

我知道这让你一下子就对唐朝的教育模式感兴趣了，是不是也想着照着他们那培育种子选手的标准，来培育一下你们家的小朋友，将来说不定也能成个大诗人大文豪啥的呢？没有问题，我现在就满足一下你的这个小心愿，带着你去唐朝的课堂上看看，那时候的老爸老妈是怎么开始他们孩子的启蒙教育的。

教育，得从娃娃抓起

我以前和我一个闺蜜聊这个话题的时候，她的感慨就特别多。她说："唐朝的孩子幸福啦，都不用报书法班，从小写字就用毛笔；你再看人家，一上学就念《三字经》《弟子规》《百家姓》，而我们现在要想学这些，还得去报个国学班。”

可是你知道吗？就算在唐朝，那些老爸老妈想给他们的娃娃们花钱报个兴趣班学这个，那也学不来呀。因为这些都是唐朝以后才出来的儿童教育读本，你让他们上哪儿学去呢？

那唐朝的娃娃们都学什么呢？

最通用的读本是《千字文》。这本书的成书时间是南北朝时期，离唐代并不算特别远。《千字文》里面收录了整整一千个汉字，被写成韵文的形式，念起来特别好听：“天地玄黄，宇宙洪荒。日月盈昃，辰宿列张……”我上学的时候，老师不教这个，后来二十好几岁了才补学了这一课，比起唐朝那些刚上学的娃娃们，我还真是和人家差好远呢。

还有一本书，叫《急就篇》。这是汉朝人编的一本书，作者叫史游。请注意啊，我在这里说的“急就”可不是医院里面的“急救”，这个“急就”大概是说，能让孩子们很快地掌握一些知识要领的意思，有点速成教材的味道。

《急就篇》里给娃娃们讲了许多这世上能够经常接触到的各种名物，像什么衣服啦，动物啦，植物啦，还有人体的各个器官等。娃娃们根据这本书不仅能够学到很多生活常识，还能认识好些字。

还有一本教材叫《蒙求》，唐朝人自己编的，为的是让娃娃们认字，但编得很美。“王戎简要，裴楷清通。孔明卧龙，吕望飞熊。杨震关西，丁宽易东。谢安高洁，王导公忠……”是四个字一句的韵文，念起来朗朗上口，而且这本教材不仅是教娃娃们认字的，还教娃娃们知道好多历史典故。

与《蒙求》类似的，还有一本《兔园册》，也是唐代的一本启蒙教材，同样是用对偶的句子，以自问自答的方式，把一些经史知识深入浅出地教给娃娃们。因为内容非常浅显，所以在唐朝几乎家家都有一本这样的书。

说了这么好几种教材，怎么听上去都像是语文类的，唐朝不教娃娃们数学吗？咱们前面就说过，科举制度是以考文采为主的，这使得中国的整个封建时代一直重文不重理。所以你看，人家外国人坐在苹果树底下就能思索出个地球引力来，但中国的书生坐在树底下，他可能只会给你写首诗出来。

但这也并不表示说，除了语文以外，咱们古时候的课堂就不教别的。听，唐朝的娃娃们就已经开始在背乘法口诀了。虽然说科考考的是文采，但基本的数学知识，大唐的教育也绝不会放松，不然连数都不识，跑到京城那么远的路，想吃口热面都不会和店家算钱，那可怎么好？

说到这里，我又想起了另一本教材——《太公家教》，这一本是教孩子们学规矩的书。比如“得人一牛，还人一马”，又比如“一日为师，终日为父；一日位君，终日为主”，还有什么“居必择邻，慕近良友”“他篱莫越，他事莫知；他贫莫笑，他病莫欺”，全是做人的道理，很像我们现在的思想品德教材。

除此以外，还有一堂最重要的写字课，就是我那闺蜜说的，他们从小就练毛笔字。这个没有办法，大唐那会儿没有硬笔书法，要想写字只有毛笔，他们从小就练，还有专门的练字帖：“上大人丘乙己化三千七十士尔小生八九子佳作仁可知礼也。”这二十五个字，被中国的小朋友写了上千年，一直写到了民国，写到了鲁迅的年代。想起来了吗？鲁迅的笔下就有位“上大人孔乙己”，这名字就是打从这帖子来的。清朝的时候因为非常崇拜孔老夫子，为了避讳他名字里面的“丘”字，就把“丘乙己”改成了“孔乙己”。现代人只记得鲁迅笔下的那位穿着长衫站着喝酒的孔乙己，却早把这个教娃娃练字的字帖给忘记了。

不过听说最近有一位小学老师已经在提倡，给娃娃们教字，就从这二十五个字开始，因为这二十五字虽然简单，但却基本上包含了汉字的所有笔画。我拿起毛笔，把这二十五个字挨个写了一遍，别说，有的字我还真是写不好，比如“乙”，比如“九”，还有“也”，写得真难看。在这个方面，我是真比不上唐朝的小朋友。

唐朝的学校

现在问题来了，唐朝小朋友都是从什么时候开始学习这些教材的呢？

在唐朝，小朋友上学的年纪没有统一的规定，家里条件好的，可能四五岁就已经在背“天地玄黄，宇宙洪荒”了；条件不好的，十来岁，甚至几十岁大字不识一个那也是有的。

唐朝没有义务教育，有些家里如果有读书人，比如父亲，或者兄长，就会主动承担起教小朋友读书识字的工作；如果家里没有这样的人，那就只有请家教。

唐朝那会儿的家教，叫“西席”。这个词《红楼梦》里也有，贾雨村就是林黛玉的“西席”。为什么要这样称呼家庭教师呢？因为古时候的人特别讲究方位。比方说，落座的时候，桌子面南背北，右手为上，坐的都是尊贵的客人。这右边就是西边，老师来了，肯定是最受尊重的人，自然坐在这西边的席位。所以，“西席”这个名字，自然就归他了。

但也不是所有的人家都请得起西席，那怎么办呢？没有关系，在唐朝，有很多私立的小学校，就是专门为这些请不起西席，但却又想读书的小朋友开设的。这些私立的小学校大部分是一些特别有钱的人家出钱给族里的子弟办的，也有一些是退休在家的官员办的。这些学校，分布在全国各地的乡野之间，所以又叫“乡学”，相当于咱们现在的小学基础教育，教的主要就是我们前面提到的那些《千字文》《兔园册》之类的课程。

“小学”毕业以后，该升“中学”了。唐朝的“中学”目的性非常强，就是为了参加科考。有很多当时在社会上非常有名的学者，他们会专门开设这种科考辅导班，这在当时非常盛行。

在这些私人开设的科举辅导班里，最有名的还要数韩愈大学子办的学校，据说凡是经他指点的学生，往往大有前途，而当时的年轻人也都以能成为“韩门弟子”而感到无上荣耀。与韩愈一样有名的还有柳宗元，这名字大家都熟，上学的的时候学过他的“千山鸟飞绝，万径人踪灭；孤舟蓑笠翁，独钓寒江雪。”但他还是位出色的人才培育老师这事儿，你恐怕还没有听说过吧。柳宗元当官当得不顺，皇帝不喜欢他，把他从京城贬到了柳州以后，他就开始了他的人才培育事业了。经他培训过的学生，最后“必为名士”，由此可知这位老师的厉害。

说了这么多，怎么难道唐朝的教育都是由这些私人学校在承担吗？当然不是，唐代政府官办的学校也很厉害的，但这种学校却并不是所有的人都能进得去的。

比如国子学，这绝对是个拼爹的学校，你们家老爷子非得有相当于三品以上的官级，才能进得了这样的学校。这是标准的贵族学校，平常人家的孩子，是没机会就读的。

还有一种学校叫太学，档次略低于国子学，基本相当于五品官级家的孩子才可以上这样的学校。

总算有一个可以让普通老百姓上的学，叫四门学。除了一些低等官员家的孩子以外，也收一些普通百姓家的孩子。但是，这些孩子可不是一般的孩子，必须德才出众，你才有可能进入这样的学校。

除了这三类学校，唐朝政府还办了些专业性非常强的学校。有一所是书学，是专门教习书法的；还有一所是算学，《孙子兵法》《九章》《五经算》都是这个学校学习的教材，有点理科学校的意思；再有一个是律学，是以学律令为主的。这几类学校招收的学生人数不多，招收的对象也都是一些低级官员与普通百姓家的孩子，但对于招收的条件就要严格一些，至少你得对你所学的专业有那么一点基础与爱好才行。

上面提到的这六类学校，都是当时唐朝官办的学校，叫“六学”。六学基本上都是为了给国家培养官场上的人才而开设的，但这世上当官的人必定只是少数，其他行业也很缺人才呀，所以，自打唐朝那会儿，其实就已经有了职业教育了。

比方说太医署，是教人医学的；太乐署，是教人音律的；教坊，是教人唱歌跳舞的；太仆寺，是专门培养兽医的；司天台，是培养天文专家的；少府寺，是专门教人手工制作的。

总之，唐代是个教育非常发达、学校遍地开花的时代，最重要的是，唐代上学相对来说还是比较简单的，不用买学区房，也没有赞助费，恭恭敬敬地给老师带一份束脩，交到老师面前，老师就很开心啦。

束脩值多少钱呢？因人而异吧。据说也有一斤腊牛肉就可以搞定的时候，报名还不用摇号，多开心呀。

想考状元，哪儿有那么容易

都说“十年寒窗无人问，一朝成名天下知。”无论哪一个从背“天地玄黄，宇宙洪荒”开始进入漫漫读书之旅的小朋友，心里都怀着一个状元及第的梦。“学而优则仕”是古时候读书人唯一的选择，你看那范进五十大几了，听说自己考中以后都乐疯了，为啥？考一辈子了。他们这些人活着的唯一目标，就是在科考场上考个功名。

这功名好考吗？

似乎在电视剧里是非常容易的。常有这样的剧情，一对年轻的男女爱得正火热的时候，那男的说：“你等我考了功名回来就娶你。”女的脉脉含情：“我等你骑着高头大马，胸前戴着红花回来。”然后在家里吃尽了苦头，正要活不下去的时候，那男的就真中了个状元回来了。这样的剧情常给人一种感觉，好像上了京，赶了考，就能考中状元似的。

状元真的那么好中吗？现在咱们来看看一个大唐书生的科举之路，你就知道，电视剧里的剧情，往往都是靠不住的。

听我先给你介绍一下唐朝的科举制度吧。

前面说过，科举制度是由隋朝开始的。所谓的科举，其实就是以科目选拔人才的意思。唐朝的时候，可以考的科目有二十来种，不过咱们平时知道最多的，还是秀才、明经和进士。

“秀才”这个词听得最多，现在大凡有点文化的人，就有人开玩笑说，那是个“秀才”。但真在大唐那会儿，要考个秀才可是件非常不容易的事儿。不仅学识要渊博，而且文章还得写得漂亮，所考的内容涉猎的范围也非常广。要是考不及格，那完了，保送这个人来参加考试的地方官员可就要倒霉了，会有连带的责任。所以，后来推荐秀才的人越来越少，导致大唐开年不久，就把秀才这一科给取消了。

再来说明经科，这个知道的人不多，但大唐的确有。主要考的是贴文、经义和时务策。考试的形式也很有意思，把一段经文贴去掉上半部分和下半部分，只留中间几行字，参加考试的人要根据这几行字，把去掉的经文全都补起来。这基本上就是相当于考背诵能力了。如果你觉得这太简单的话，那就再对经义做个理解与阐释吧。但就算是这样也很好做准备，只要记性好，大不了把那些经书都吃透了、背过了，应付这一科的考试还是没有问题的。

现在，咱们来说大家都关心的进士。

考进士除了要把考明经的所有内容考完以外，接下来就要考你的文采了。你的诗文得做得漂亮，不仅文辞要考究，还得有一定的思想性、理论性与精神高度，你既要会引经据典，你还得懂时政要闻；既要上知五百年下晓一千年，还得对这世上的各种名物了如指掌；你不仅要有好的文学修养，你还要有高尚的情操，与众不同的审美情趣，爱民如子的情怀，这些都要体现在你的诗文里。但这好文章那可不是一两年的功夫就能练出来的。有一句话说“三十老明经，五十少进士”，意思是说三十岁考个明经都算是老了，但若是五十岁中个进士，那还年轻得很呢，可见进士可比明经难考多了。

那么参加科举考试的具体程序又是什么呢?

跟现在电视上的比赛一样，那也是一个由海选开始的漫长而艰难的过程。现在，我们就假定，你是一位默默苦读了十年之久的年轻学子，考中状元是你人生唯一的目标。你知道国家每年都有科考，你每年都想要报名，但是你的老师总是摇头说，你的本事还没有学到家呢。终于有一天，他点头说：“孩子，你可以出师啦。”

“那我现在就回家收拾行李，上京赶考去。”你高兴得恨不能一步就飞到长安，中个头名的状元回来。

等等等等，年轻人，关于参加科考，可是条漫长的路，咱得一步一步地走。

首先，你得先参加你们地方上的海选，这叫“乡试”。一般都是每年的秋天在你们地方上举行，所以，这种考试又有个名字叫“秋闱”。秋闱合格了以后，你就是你们当地的“乡贡进士”啦。当然如果你是学霸，在乡试里考了个第一名，那你就是你们当地的“解元”，也叫“解首”，这就已经很光荣了。

通过乡试以后，你就有机会进入全国考试啦。不过这中间还有许多的程序，首先你们地方官得把你在乡试里的成绩和考卷报到朝廷，有个专门管理教育与人才选拔的尚书省专管这事儿。尚书省审核以后觉得没有啥毛病，给个批复，也就是同意你这位年轻的同志参加科考。这下，你们地方上才赶紧派人带上报名表和报名费，再到尚书省去给你报名，这便已经是冬天的事情了。

尚书省底下有个礼部，是专门负责你们考试的一个部门。第二年的春天，就要对你们这一批乡贡进行正式的“省考”了。这省考的意思，不是省级考试的意思，因为是由尚书省主持的，所以才叫省考。省考通常都在春天举行，所以又叫作“春闱”。

天刚亮的时候，你就进了考场，从考经贴文，到考经义，到写策论和诗文，一直考到半夜，三根蜡烛都用完了，终于主考官宣布收卷——考试结束了。

从考完试到放榜的这段时间，你可以好好地逛一逛长安的花花世界，只要你文章写得好，不用四处打点，放榜的那一天，你的大名就真的会出现在大红榜上。能上这红榜的都是进士，但状元却只有一个，就是第一名，具体是不是你，就看你的本事了。不过就算没有考中状元也没关系，进士及第已经非常不错了。只要能中进士，你就可劲高兴去吧。

不过高兴归高兴，有件事情我还是要提醒你的。在唐朝，就算是中了状元，你也未必马上能当官。如果想要做官，还得有一个部门对你考试，那就是“吏部试”。吏部也是尚书省底下的一个部门，他们要对你进行面试，这叫“察以身”，看你的长相与言谈举止是不是符合一名大唐官员的标准；面试完了还要笔试，这叫“观其书”，既看你的字写得是不是漂亮，还要看你的文章写得够不够精彩。当然，最重要的，是从你的文章中，看你这个人的思路是否清晰，境界是否高尚，有没有正确的是非观。这一切都审核完毕没有问题了，现在可以脱下你老百姓的衣服啦，有人给你拿来一套官服，赶紧换上吧。这叫作“释褐”，褐，就是粗布衣服。这一释褐，表示你以后再也不用穿普通老百姓的粗布衣服了，你已经当官啦。

你可要好好珍惜你这身来之不易的官服呀，努力做个不负众望的好官，毕竟不是所有和你一起念过“天地玄黄，宇宙洪荒”的小朋友都能有这一天的。纵然是那些跟你一起过五关斩六将中了进士的同志们，也不是人人都能做得了官的。

第七部分

医疗卫生篇

第十五章 人吃五谷杂粮，哪儿有不生病的

其实这本书，我是原打算上个月就全部写完它的，但是，上一篇文化教育篇还没写完，家里就有人生病住进了医院。

“有啥千万别有病，没啥千万别没钱”，这话只有在家里有人住院的时候，才感受得最真切。这一个多月的时间，我们全家都忙活在医院里。好在治疗效果不错，我这才有心情重新坐下来，跟大家伙儿继续聊聊唐朝的那些事儿。

医疗卫生这一篇，原先是大纲里没有的，可经过这一个多月在医院里的来来回回，我突然觉得很有必要让读者了解一下大唐人民当时的医疗状况。

唐朝人的“时代病”

人吃五谷杂粮，甭管唐朝人、宋朝人，还是二十一世纪的人，只要是人，就有可能生病。不过，说起来也奇怪，虽然都是病，但有些病在某一个时代可能会威胁到人类的生命健康，但换个时代可就不一

定了，比方说往前推五、六十年，那个时候的中国人还挣扎在温饱线上，不存在三高的问题，工作压力也没有那么大，也没听说过过劳死，但那个时候的肺结核，却是个要命的病；还有糖尿病，只要得上了，就等于宣告了只有等死的份儿。

但现在就不一样了。对现代人的健康威胁最大的，怕是要数心脑血管病了吧？电视上整天各种预防心脑血管疾病的广告，分分钟提醒着人们这种病已经成为了现代人生命健康的第一大隐患。而肺结核、糖尿病，却早就可以被控制和治疗了。

那么回到一千年以前，威胁着大唐人民生命健康的又有哪些疾病呢？

回答这个问题以前，我们先来学习一下唐朝朋友圈里流行的一封“连锁信”，其中一段内容是这样的：

> ……菩萨说今年八月九日太山崩，须九百亿，亦须九千亿牛。第一患死，第二卒死，第三生产死，第四不持斋死，第五肠肚热死，第六自绞死。今年禾豆熟恐无人收，度今年即好，信者写一通免身，写二通免合家，写三通免一村。若闻不写即灭门。……

这是在敦煌文书当中抄出来的一篇经文。别误会，这不是从印度传进来的，这是大唐人民自创的一种劝善经文，号召大家都要传抄，如果不传抄，往小了说，自己跟家里人要遭殃；往大了说，全村人都不得安生。这和咱们现代人朋友圈里流行的那种“若是不转发此条链接，就怎样怎样”的帖子简直像极了。

当然我在这里可不是要传这封“连锁信”的，这信不重要，重要的是，这里面提到了几种病，像什么卒死的、生产死的，看起来应该都是唐朝人最害怕生的病，不然也不会被用到这部手抄经里来。

什么是卒死呢?

南北朝时候有个大医学家叫陶弘景，他写过一本书，叫《辅行诀脏腑用药法要》，里面就讲到了这个卒死症，说“中恶卒死者，皆脏气被壅，致令内外隔绝所致也”，意思是说，人的那一口气好像突然被堵塞住了，各个器官都不能正常工作。这其实就和咱们今天突发的心脑血管病十分相似。看起来，这个病是自古就有的，即便是一千年以前的大唐人民，也会被这种病困扰。

接下来咱们说说生产死。这是女人才会得的病。

古时候的医疗条件是很差的，女人生孩子那简直就是直接跟死神掰手腕，要不怎么说“人生人吓死人”呢?有很多妇女生孩子的时候，由于医疗卫生条件差而丢了命。南北朝时期，有个叫陈延之的医学家写过一个《小品方》，上面说“夫（生产）死者皆有三日也，故使妇人产，下地坐草，法如就死也……”看见没有，在那个时候，女人生孩子可真是做好了要赴刑场的准备了。

而其实在唐代，对老百姓的健康威胁最大的，还是流行的传染病。传染病有很多种，而最常见的是疟疾。

疟疾现在好像听得不是太多了，但在古时候，却是一种常见的病，一旦得上了，不仅有生命危险，而且还可能传染给其他人，所以死亡率和威胁度都极高。

和疟疾病同属于传染性疾病的，还有一种天行病，先期的症状是腹泻、呕吐、发热，那个时候没有藿香正气水，病情难以遏制，很容易要命。

另有一种传染病叫赤白痢。这种病最明显的症状是患者的粪便里会夹杂有血和脓液，也就是咱们现在常说的中毒性痢疾。虽然这在现在好像不是个什么要命的病，但是古时候，一旦得上就很难治好，所以被列为威胁大唐百姓健康的杀手之一。

最后再介绍一种肿病。

你可能觉得，不就是个肿吗，这还能要了人的命？那你一定出生得晚，如果回家问问爸爸妈妈或者爷爷奶奶，他们肯定会告诉你，就在咱们中国上世纪六十年代，好多地方的人还会得这种肿病，身上的皮肤一压一个坑，好像长胖了似的，这其实就是水肿病。

水肿病的病因很多，肾炎、尿毒症、肝硬化、荨麻疹等都有可能引起全身水肿。如果得不到很好的控制与治疗，是真的会出人命的。

除了上面介绍的这些，还有像什么风黄病症、血痢症、患腹症之类的疾病，也都是在大唐常见的疾病，并且分分钟都在威胁着大唐百姓的健康和生命。

那么，用什么来保护人民的生命健康呢？放心，唐朝的医疗机构已经非常健全了。

接下来，我们就一起去了解一下吧。

没有医保的日子里，去哪里看病

应该这么说，能生活在唐朝的老百姓，其实还是非常幸运的，因为从这一时期起，咱们中国开始出现了全国性的官办医疗机构。这是史无前例的。

唐朝的医疗机构主要由三大系统组成：一个是太医署，是负责全国的医务和医学教育的机构，服务对象主要是官员。当然，那些为朝廷服务的禁军或者是宫女，也在太医署的服务范围之内。除此以外，国家一旦发生了大的疫情，太医署的官员也是要下基层为老百姓服务的。

另一系统是殿中省尚书局，这是皇帝御用的医疗机构，与老百姓基本不沾边。还有一个药藏局，则是为太子服务的，也与老百姓基本没有什么关系。

这三大系统构成了唐代的中央医疗机构，而各个地区也有官办的医疗组织，这些组织分别由医博士、助教和医学生组成。别误会，这里的医博士，可不是咱们现在那些坐在医学院教室里戴着眼镜读书的学生，他们是朝廷在各州设置的负责医疗工作的官员，助教是配合他们工作的，而医学生就好像他带的研究生一样，一边跟着医博士学习给病人看病，一边在看病的过程中锻炼提高。

但医博士和医学生加起来的人数总是有限的，就拿太原府来说，当时的配制情况是这样的：医博士一名，助教一名，学生二十名。这哪儿能满足得了老百姓求医的需要呢?

别急，千万不要发愁，大唐的医疗福利机构远不止这些。“养病坊”的出现很好地填补了这一不足，而且有唐以来，一直长盛不衰。

什么是养病坊呢？说得通俗一点儿，就是大唐政府为那些根本看不起病的老百姓设立的福利医院。这些医院有一个共同的特点，就是都开在寺院里，而这些医院的管理人员和医护人员，大部分也都是由出家人担任的。

那么，养病坊是打什么时候开始有的呢？

有一本书叫《续高僧传》，里面记录了一个叫智严的出家人，老了以后就住在石头城一个叫疠人坊的地方。他在这里一边讲经说法，一边救助那些住在这里的病人，最终他自己也是在这里圆寂的。

这是贞观年间的事情，而这个疠人坊，据学者们研究，是一个专门供麻风病人养病的地方，这其实就和养病坊的性质比较接近了。

而和真正的养病坊有关的故事，记载在《太平广记》里。说的是武则天时期，长安有一个叫洪昉的出家人，在寺院里辟出一块空地来，建了养病坊，“常养病者数百人”。这事儿后来让武则天知道了，倍受感动，于是开始由政府出钱，兴办悲田养病坊，收留很多看不起病的穷人，甚至还有乞丐。

到开元以后，悲田养病坊开始推行到了各州各县，这让很多穷苦的百姓开始有病可医，再也不用为生病发愁了。

那么你现在一定很关心，去这样的养病坊看病，会不会很贵呢？应该这样说，养病坊是穷人的医院，基本属于国家福利性质的，经济来源也是靠政府补贴，所用的物品由国家供给，因此病人不需要承担那么大的医疗费用。

这样听起来有没有让人心生羡慕呢？

要当名好医生，不学习可是不行的

养病坊虽然能够为大唐百姓提供一定的医疗福利，但是有一点，这些养病坊多是设在寺院里的，医护人员和管理人员也都是由出家人担任的，这些出家人对于医学多少都是有些了解的。但是，真正科班出身的医生，却要老老实实地去读“医科大”——唐朝的太医署。

太医署算得上是唐朝最高的医学学府了，在这家学府里求学，你得先选好了专业，每个专业会有不同的“导师”来授课，比如医博士，他主教的是内科、外科、儿科、眼耳鼻科和拔罐科。这里面最难学的要数内科了，学制是七年；外科和儿科学制五年；眼耳鼻和拔罐两年基本就可以出师了。

而针博士主要是教针灸的。针灸是祖国医学的精华所在，几根又细又小的银针，只要找对了穴位，啥样的毛病都能给解决了。但是这个本事可不好学，万一穴位没找准，一针扎下去搞不好就会出问题的。

还有一个按摩博士，他是教人通过按摩人体穴位的方式来治疗疾病的，跟现在桑拿房里那些按摩小姐的那一套完全不一样。学会按摩博士的那一套功夫，用处特别大，比方说，要是有个跌打扭伤啥的，肯定可以手到病除。

还有一个禁咒博士，这个听起来有点玄，因为他是靠念咒语来给人解除病痛的。这是道家的功课，可不是我这俗门子弟一两句话就能说得清的。不过道家与医家历来相通，好些民间的疾病，都是靠一些道术的丹药治好的。可见禁咒博士的功课，也不是虚传的。

要想在太医署做一名合格的学生，需要学习很多医学书籍，最基本的是《神农本草经》《黄帝内经素问》《脉经》和《甲乙经》。

《神农本草经》是汉代的一本医书，里面记载了三百多种中草药的用法与疗效，据说是那位尝百草的神农氏传下来的，一开始只是在医药界口口相传，到了汉代才集结成书。这本书别说是唐朝那会儿的医科学生，就是到了今天，研究中医的人都还在学习呢。

《黄帝内经素问》，听名字就知道，是咱们的老祖宗黄帝创作的，当然这只是个传说。这本书真正的成书年代应该在春秋时期，是我国最早的中医理论著作。

中医讲究望闻问切，而切脉又是最不可少的，所以，在唐朝要想当名好医生，《脉经》是非学不可的。《脉经》不仅对人体各种脉象做了具体地描述，而且还收集整理了很多诊脉的方法、脉象反应的病理等重要文献资料，是一本很有价值的中医学著作。

最后我们来说一下《甲乙经》，它的全名叫作《黄帝三部针灸甲乙经》。这下你就全明白了，这是一本讲针灸学的书。听起来好像又是我们的老祖宗黄帝创作的，但其实这也是个传说，这本书的成书时间大约在曹魏时期，但也算得上是一部古老的医书了。

现在问题来了，是不是想要学习这些医学著作，就必须要上太医署呢？答案是未必。

有句话说，高手历来在民间，尤其是我们的中医学，有很多人家世代学医，爸爸教儿子，儿子再教儿子的儿子，他们的医术水平一点儿也不比皇上身边的御医差。还有很多人虽然没有出生在医学世家，但却机缘巧合地自学成材，著名的孙思邈就是个例子。

孙思邈属于典型的久病成医。用他自己的话说，他小时候身体不好，家里为了给他看病，花了很多钱，后来实在掏不起医药费了，他就自己琢磨着给自己开方子、试草药，结果慢慢地把自己培养成了一位药王。孙思邈还写了一部医学巨著《千金方》，被誉为是第一部临床医学的百科全书，在世界医学史上都很有影响力。

有唐一代，像孙思邈这样自学成材的医学家还有很多。

有一位名叫甄权的医学家，他活了 103 岁，是大唐寿命最长的一位医学家。这大概与他的养生之道有关，就连唐太宗都曾亲自登门，向他请教养生之道。不过，他最大的成就，其实还是在针灸方面，他撰写的《脉经》《针方》对后来的医学影响非常大。

另有一位叫王焘的，说起来，他原本还是个当官的，但他仕途不顺，被贬到了南方。那时的南方比不得长安的繁华之地，尤其缺医少药，当地的百姓求医问药非常麻烦。于是这位父母官就凭着他自己积累的医学常识，又到处查找资料，终于写出了一部特别了不起的医学巨著——《外台秘要》。这本书收录了大约有六千九百多个实用的药方，这是个了不起的功业，所以直到今天，这本书在医药界还备受推崇。

第十六章

病要治，更得防

前面介绍唐朝时对百姓生命健康造成重大威胁的一些疾病时，提到最多的就是传染病。

不仅是唐朝的老百姓，其实不管啥时候，只要一提到传染病，谁听了都害怕。前两天约一个朋友喝茶，她来的时候竟然带着她十岁的小女儿。那一天是周二，正是孩子应该上课的时间，我很奇怪她怎么把女儿带出来了。她担忧地说："学校有流感，怕给孩子传染上了。"

你看，一个小小的流感，我的朋友就担心成这样，更何况那些有可能要人命的传染病呢。不知道你是不是还对十几年前的那场非典有印象，我记得那时候好多人连班儿都不上了，整天手里拎个消毒壶，走哪儿喷哪儿，好像啥都带着病菌似的。这也难怪，疫情猛于虎，那可是能要人命的。

那些躲都躲不掉的“疫”

其实说起来，传染病一直都是历朝历代政府心头的一块病，大唐也不例外。你可千万不要以为，一场疫情造成的结果，不过是丢失一些生命这么简单的事情（当然，这本身也已经不是小事了）。如果疫情得不到控制，往小里说，它会直接危害到老百姓的生命安全；往大里说，社会的安定和经济的发展也会受到很大的影响。这个不用看唐朝，十几年前的那场非典就是典型的例子。我记得特别清楚，那时除了卖口罩和消毒水的以外，很多店铺都关门不做生意了，街道上冷冷清清。每天都人心惶惶，谁还有心思搞经济建设啊。

好在我活了几十年，也就遇到了那一次。不过如果时间往回倒推一千来年，那时候的唐朝，疫情可是时不时就会来闹一次的。翻开《两唐书》，我们随便摘录几段，就能看出来整个大唐疫情发生的频率：

> 贞观十年（公元 636 年）关内河东大疫；
>
> 贞观十五年（公元 641 年）三月泽州疫；
>
> 贞观十六年（公元 642 年）夏谷泾徐戴虢五州疫；
>
> 贞观十七年（公元 643 年）夏，潭、濠、庐三州疫；
>
> 贞观十八年（公元 644 年）庐、濠、巴、普、郴五州疫；
>
> 贞观二十二年（公元 648 年）卿州大疫；
>
> 永徽六年（公元 655 年）三月楚州大疫；
>
> 永淳元年（公元 682 年）六月关中初雨，麦苗涝损，后

旱，京兆、岐、陇螟蝗食苗并尽，加以民多疫疠，死者枕籍于路，诏所在官司埋瘗；

垂拱三年（公元 687 年）是春，自京师至山东疫疾，民死者众；

景龙元年（公元 707 年）夏，自京师至山东、河北疫死者千数；

宝应元年（公元 762 年）江东大疫，死者过半；

广德元年（公元 763 年）是岁，江东大疫，死者过半；

贞元五年（公元 789 年）是夏，淮南、浙东、浙西、福建等道旱，井泉多涸，人渴乏，疫死者众。

……

看这个记载，疫情发生的频率很高，几乎每过几年就会有一次，要么“死者众”，要么“死者千数”，听起来实在吓人。再看看每一次疫情发生的区域，几乎都会遍及好几个州府。可以想象，当时的老百姓，真是受够了疫情的苦。

为什么这些疫情会这么频繁地发生呢？这跟当时的自然条件和社会状况直接相关。

有句话说，“大灾之后必有大疫”。古时候的人们对于自然灾害的预防与控制能力都比较弱，所以自然灾害会很多，像虫灾、水灾、旱灾之后，自然环境被破坏，病菌马上见缝插针地就开始祸害起来了。

战争也是造成疫情的另一大重要原因。古时候打仗，经常都是长途跋涉的，往往从南方行军到北方，或者由北方行军到南方，气候的变化常常让部队里的士兵身体不适，也就是水土不服，这容易滋生病菌，导致疫情的发生。

当然除了这些以外，当时人们的卫生习惯、饮食习惯与居住环境也是造成疫情大面积泛滥的原因。那么面对疫情，政府都会采取哪些措施来预防和控制疫情呢？

那些来自朝廷的关怀

疫情这么严重，过几年就来一次，看着老百姓受苦，谁会最着急呢？是皇帝。皇帝心里其实比谁都着急。

唐玄宗李隆基就是一个把老百姓的健康时时刻刻挂在心上的好皇帝，他知道民间疫情严重，于是亲自搞了个配方，叫广济方，是一个专门应对疫情防控的方子。他把这个方子下发到全国各地，让全国的老百姓都按这个方子防疫。

可是方子发下去以后，唐玄宗还觉得不放心，万一要是有人看不到，或者看到以后又忘记了怎么办呢？于是他又下了一道诏书：

> 朕顷者所撰广济方，救人疾患，颁行已久，传习亦多，忧虑单贫之家，未能缮写。閭阎之内，或有不知。偿医疗之时，因至夭横。性命之机，宁忘恻隐，宜命郡县长官，就广济方中逐要者，于大板上件录，当村坊要路榜示。仍委采访使勾当。无令脱错。

意思是说，为了能让更多的人看到这个广济方，记住这个广济方，无论是乡间还是城市，各地的官员你们要把这个方子刻在路旁的木板上，好时时刻刻提醒老百姓防疫。

你看，这还真是个为老百姓操碎了心的好皇帝。

像唐玄宗这样关心疫情的好皇帝不止一个，文宗皇帝也特别重视传染病的防控工作，尤其关心疫情严重地区老百姓的生活，送医送药，下诏书减免户税，并且下诏要求地方官员处理好那些无人收管的尸体，防止再次传染。

除了这些细微的关怀以外，要想更好地预防疫情发生，其实更有效的办法，还是对医学常识的普及和教育，这一点，大唐的皇帝也想到了。再来看一条唐玄宗的诏书：

> ……开元十一年七月，诸州置医学博士敕。敕，神农辨草，以疗人疾，岐伯品药，以辅人命，朕全览古方，永念黎庶，或营卫内壅，或寒暑外攻。因而不救，良可难息。自今远路僻州，医术全无，下人疾苦，将何恃赖？宜令天下诸州，各置职事医学博士一员……

什么意思呢？就是说，老百姓的健康问题实在是让皇帝感到很是担忧，于是便在各州设立医学博士一名，来促进该地区的医疗卫生工作。

医学博士咱们前面提到了，他带着一个助手和一二十名医学生组成了当时官办的地方医疗机构，他们承担了各个地区的医疗教育工作，当然，同时也承担着传染疾病的防控工作。

讲到这里，忽然又想起了那位智严和尚。我们说他当时住在一个叫疠人坊的地方，疠人坊其实就是一个隔离麻风病人的医院。这其实是大唐政府对传染病防控的又一种手段——将传染病人隔离治疗。不用说，这当然对预防病情的蔓延与扩散，有着积极的作用。

而从另一则记在《高僧传》里的故事，我们还能看到这种隔离医院的入住方式和供给：

> 收容疠疾，男女别坊，四时供承，务令周給。

意思是说，被隔离在这些医院里的传染病人，男女要分开入住，病坊里会按时为他们供给饮食和药物。

传染病要治，更要防患于未然

有句话说："祸从口出，病从口入。"这个道理，其实在唐朝的时候人们早就意识到了。关于疫情，他们也早就想到，除了医药的防控以外，养成良好的生活习惯，也是至关重要的。

唐初有一位叫巢元方的医学家，他写过一本医书《诸候源病论》，其中就提出了饮食卫生的概念，指出人们食用正常的肉类食品是不会有问题的，但是一定不要吃那些患传染病死亡或吃了毒草死亡的动物，否则也会感染上病毒，导致死亡。

另外孙思邈的《千金方》里还提到了关于水净化处理的问题。这个办法其实非常简单，就是将配好的药材沉到井里，以起到改善水质、防控疾病的作用。他说：

> 一人饮，一家无疫；一家饮，一里无疫。饮药酒得，三朝还滓置井中，能仍岁饮，可世无病。当家内外有井，皆悉著药，辟温气也。

这是这位医学家从医学的角度提出的水治理措施，同时，孙思邈还提出了居住环境和人类健康的关系。他说：

> ……必在人野相近，心远地偏，背山临水，气候高爽，土地良沃，泉水清美，如此得十亩平坦处便可构居……

这其实说的就是居住环境对人身体健康的影响。背山临水，气候高爽，不正是我们现代人向往的田园生活吗？人少，污染小，空气又好，病菌自然就少，当然有利于健康。

但总有些人不可能离开城市去乡村生活，而且城市要发展，也不可能把人口全都迁居到乡村去，所以城市的环境卫生就不可忽视了。特别是城市的排污工作，一定要做好，否则，病菌就有可能从中滋生，影响人们的健康。

所以唐朝那会儿，首先就有一条法律规定，在城市里一定要注意环境卫生，谁家要是乱倒垃圾乱排污，那可是要挨板子的。不信可以去翻《唐律疏议》，里面就有一条这样的规定：

大唐西市遗址。可以看到，当时的地下排水系统已经形成。

其穿垣出秽污者，杖六十；出水者，勿论。主司不禁，与同罪。

看到了没，乱扔垃圾真的是要挨板子的。

好吧，就算垃圾可以自行处理，那么生活中的污水应该排放到哪儿去呢？别发愁，大唐的地下排污工程其实已经相当到位了，完全可以解决这个问题。虽然我们现在已经不可能看到当时的整体情况，但从西安的一些唐朝遗址上也能看到当时的状况：在西安市东门外中兴路一带，曾经出土了唐代的排放生活污水与雨水的地下水道；大唐西市遗址里，也有完整的地下排污管道。这些或许可以说明，唐朝的地下排污设施已经相当完备了。

第八部分

出行购物篇

第十七章

走，咱出门逛街去

关于唐朝的故事，讲到这里的时候，基本就讲得差不多了。窗外有鸟儿在唱歌，像是在说太阳底下的空气咋这么好，瞧把它们给欢快的。

既然这样，咱们也出去逛一逛。一直说要带你们到长安城里来看看热闹的，我也得兑现这个承诺呀。等一下，我突然想到了一件事情，假如你真的想要回到唐朝的长安逛一回街，还是要做些准备的。

“你吃了吗？”No,No, 大唐不兴问这个

出门逛街以前，我总得先教你几个起码的社交礼仪吧，不然你见了人就问：“你吃了吗？”这当然是不合适的。纵然你朝人家挥挥手，俏皮地闪着你的大眼睛来句特别撩人的“嗨”，大唐人民也不知道你说的是啥呀。所以在出门以前，咱们还是先恶补一节必要的社交礼仪课吧。

先来说说这个见面礼。

现代人见了面喜欢握手，这本来是外国人的礼仪，是在辛亥革命以后，才在咱们中国兴起的，用以代替见面就下跪的封建礼仪。但其实，咱们中国也有很多很好的见面礼，未必都像跪拜那么封建又那么麻烦，比如叉手礼。

叉手礼兴起的时候比较早，大概汉朝就已经有了。不过在大唐，平常人见了，还是喜欢双手交叉在胸前打招呼，通常是身份低的向身份高的行礼。比方说，你走在街上，遇到了你邻家的张二叔，不用大动干戈地就地跪下磕三个响头，这样可能会引起围观的，你张二叔也会觉得好尴尬；不如双手叉于胸前行个叉手礼，张二叔就已经会夸你是个好孩子了。

但是如果你到了单位，对于你的老板，那这个叉手礼就略微显得有些应付了。这个时候你要学习另一种礼仪，叫“唱诺”，就是两手恭恭敬敬地合抱于胸前，同时低声地唱个“诺”字。这种礼仪是从晋朝兴起的，但到了唐朝依然盛行，你一定要学会呀，不然见了你的上司大大咧咧的，小心他会不高兴。

在唐朝最隆重的礼仪就是跪拜礼了。

古时候的人没有凳子，都是席地而坐，膝盖着地，屁股坐在脚后跟上。这在咱们今天看起来已经是“跪”的姿势了，但是古时候，这才是标准的坐姿。而屁股离开了脚后跟，把腰直起来，那才是跪了。

至于说“跪拜”的形式，可就多种多样了。

比如顿手拜。这个有的时候我们会在电视上见到，跪在地上，双手放于额头上，慢慢地俯下身体。叩头的时候，头是放在手上的，称为“顿手拜”；还有一种“稽首拜”，就是直接用头着地。这些都是大礼，非重要的场合不用这么兴师动众。即使是重要的场合，这么兴师动众地行礼，那也是男人们的事儿。在唐朝，女人不用这样行大礼。可能是因为唐朝出了一位女皇帝的原因吧，她太知道女人梳个头发有多不容易，这一会儿下跪一会儿磕头的，别把好不容易梳起来的头发给弄乱了。所以唐朝的女人行礼，方便跪的时候跪下来，作个揖就可以了；如果不方便跪，那就不跪了，拱手弯腰鞠个躬也成。

好了，见面礼说完以后，咱们再来说说你的开场白。如果在马路上遇到了一个帅哥美女的，你可怎么去跟人家搭讪呢？总不能吹个口哨就算是拉上关系了吧？

什么，你说那就直接叫“帅哥”？这主意是不错，只可惜我怕大唐小伙儿听不懂。那就叫“相公”？别别，唐朝的“相公”是个专属名词，叫的可是当朝宰相一级的大人物，你在马路上随随便便地叫一个帅哥“相公”，你敢叫，他也不敢答应呀。

大唐对于男子通常的称呼是“郎”。同事之间，你可以叫他“郎”；夫妻之间，你也可以称你家亲爱的是“郎”；就连仆人，都可以称自己家主人“郎”。只是叫法与叫法略有不同罢了。

如果我们今天上街去，遇到了邻居家的一位“郎”，这位邻居姓李，在家里排行老三，那你就可以叫他“李三郎”。你和李三郎正说着话，西边又走来了你的一个对门，姓张，排行十一，那你就叫他张十一郎，这样叫准没有错。

这种叫“郎”的形式一般都是同事或朋友间的称呼，不过张十一郎的后面还跟着一个老仆人，你听他叫十一郎，那可就变成“郎主”了，带了几分尊重的意思。

这个张十一郎最近出了趟远门刚回来，在外面遇到了好些个新奇的事儿，所以你们说起话来没完没了的，你老婆等得有些不耐烦了，就催你说：“四郎，时间差不多了。”

是不是觉得有点奇怪？为什么她不叫你“郎君”更亲切呢？因为“郎君”这个词在唐朝另有所指，是专门指那些贵家子弟的。你老婆叫你“四郎”，那才是带着几分亲昵味道的，因为你在你家排行老四嘛。杨玉环叫李隆基就是这么个叫法，虽然俩人差了好几十岁，但玉环还是叫隆基“三郎”，听着多亲，这个就不用解释了，谁都知道李隆基在家里排行老三。

你一听你老婆叫你“四郎”，心里顿时跟灌了蜜一样，拱手向张十一郎和李三郎告辞，转向你老婆：“走吧，娘子！”

别，千万别。在唐朝千万不要叫你家老婆“娘子”，你老婆听了会不高兴的。你可以对大唐街道上任何一个年轻的美女称“娘子”（包括伎），但一定不要这样称呼你老婆，她会觉得在你眼里，她跟大街上的那些女人没啥分别。

那么你该如何称呼你“老婆”呢？

我看，就叫老婆吧，这个没有错，别以为“老公”“老婆”这样的称呼是现代人的专利，其实在唐朝，早就有人这么叫过啦。

据说唐朝有一个叫麦爱新的读书人，考中功名后就想停妻再娶，但又不好意思开口，就写了副对联：“荷败莲残，落叶归根成老藕。”他的妻子看到后，猜出了丈夫是嫌自己老了，便提笔续写了下联：“禾黄稻熟，吹糠见米现新粮。”麦爱新一看，原来家里有这么一个大才女，而且这联儿写得情真意切，自己怎么好意思去找小三？

便向妻子主动承认了错误。妻子啥也没说，又写了条：“老公十分公道。”麦爱新也挥笔续写了下联：“老婆一片婆心。”

从这儿以后，大唐的夫妻之间，这老公、老婆的叫法就已经流行开了。所以你叫你亲爱的“老婆”一点儿也不奇怪，她心里高兴着呢。

开车？坐轿？还是骑马够威风！

关于在唐朝出门时要注意的几点礼仪咱们就算是恶补完了，现在我们就收拾一下准备出门吧。

在唐朝，出门不用开车，当然，也不用挤公交和地铁。那么，我们应该选择哪种出行方式呢？别急，听我一样一样地来介绍。

唐朝最时尚的出行方式是骑马。在唐朝，能拥有一匹好马，那就跟今天我能开着一辆宝马去上班的心情几乎是一样的。

唐朝人骑马不分男女，就跟我们现在的司机不分男女一样。“虢国夫人承主恩，平明骑马入宫门”，那么时尚、那么爱漂亮的贵妇虢国夫人出门都骑马，可见这在当时的确是一种风尚。

骑马本来不是咱们大汉民族的风尚，汉武帝那会儿从西域引进了天马，虽然也看作宝贝似的，但那都是用来打仗的。真把这宝贝当作出行的工具，那还真有点儿舍不得。

说起来，这风气都是南北朝那会儿的北方游牧民族带来的。他们都是在马背上长大的民族，对于马的热爱更是与生俱来的。

唐太宗就特别爱马，喜欢收集好马，最著名的就是“昭陵六骏”，都是他骑过的宝马。在他生前，这些马陪过他；他死后，他也要这些马陪着他。所以就找人做了这六匹马的浮雕立在自己的陵墓旁边，可见他有多么爱马了。

这世上的事儿历来都是上行下效的，皇帝都那么爱马，当官的能不跟着学吗？所以在唐朝，无论是出门上班，还是逛街访友，能骑着匹高头大马那就是相当拉风的事情啦。

但这并不是说，在唐朝，所有的人都是有马可骑的。骑马在很大程度上那是一种身份与财力的象征，这就跟咱们现在也不是人人都能开宝马一样。在唐朝，假如你就是个普通百姓，一个月的收入也就仅够维持个生活，但还想要代步工具的话，驴和骡子也是可以替代的。

我知道可能你老婆觉得驴和骡子不好看，有失她大唐美女的范儿，怎么办？你那么爱老婆，不行就给她雇顶轿子吧？

那你可就要辛苦了，真不知道你要花多少的时间，才能在唐朝找到一顶轿子来，因为唐朝人基本上是不用这种交通工具的。

但是，唐朝有牛车啊。

除了马以外，牛车倒是唐朝标准的妇女出行工具。除此以外，上流社会流行一种特别舒服的肩舆，中间有个好像椅子一样的坐具，用两根木棍儿撑起来，由两个人肩挑着，很像咱们现在常见的滑竿儿。不过，在唐朝那会儿，肩舆多半儿都是给年老体弱的人准备的，就算年轻人要坐，也是那些身份高贵的美女，一般的老百姓很少有人用。

但如果你真的爱你老婆爱到了无可救药的地步，那你就大胆地用，反正自己的老婆自己爱，管他别人说什么。

昭陵六骏，唐太宗李世民的战马。

三彩牛车（唐代）。
陕西省铜川市耀州区药王山出土，陕西省历史博物馆展出。

第十八章

唐朝也有大市场

一切就绪，现在我们就要去逛长安城的花花世界啦。老是在电视上看到长安城里店铺林立、美女如云的街景，尤其是晚上那一片灯火通明的璀璨，看起来其热闹的程度真是一点儿也不比今天的城市差。

不过我要再次提醒你，电视剧里的东西千万信不得真。

如果你真的去了大唐，你才会发现，街道上哪儿有什么美女，哪儿有什么商铺，就连个烧饼摊子都找不着，更别说那晚上的繁华了。你敢大晚上的在长安城里逛一圈，小心被当作坏人给抓起来。

难道长安城一夜之间萧条了？还是传说中的繁华全都是假的？

怎么会是假的呢？我怎么可能会带你看一个假的长安城呢？只不过，长安城的商业区与住宅区并不在一起，这叫作“坊市制度”。从汉朝建立了中国历史上第一个规模最大的城市汉长安开始，城市布局上就一直实行着这个制度，居民住的地方和买东西的市场严格区分开来。住的地方叫作“坊”，买东西的地方叫作“市”。市分一东一西，你看，我现在给你说“买东西”的这个概念，最早就是从这东、西二市来的。

唐朝的东市在整座城市的中轴线朱雀大街以东，离兴庆宫和大明宫都不算特别远。那附近住的都是达官贵人，出售的商品也主要是服务于这些有钱有权的人家，至于我们这些普通百姓，还是去西市吧。西市的周围，住的都是和你我一样的普通人，那儿才是老百姓的超级大市场。

现在，我就带你去逛逛向往已久的大唐西市吧。

别怕没有钱，我家就是开印钞厂的

临出门以前，我又想起了一件事。那个谁，你就知道逛街，钱你准备足了吗?

你肯定一脸懵，带什么钱呢? 当然是麻钱。唐朝的通行货币是麻钱，对，就是外圆内方的那种，俗称铜钱。

中国最早的铜钱不是唐朝才有的，早在秦始皇还没有统一六国以前，秦国就已经在使用这种外圆内方的铜钱了。那时候叫“半两钱”，重量为十二铢，正好是半两（一两是二十四铢），所以就叫“半两钱”。后来秦始皇统一了六国以后，把其他国家的货币全都废除了，就用了秦国的这种外圆内方的半两钱。

到了汉朝建立初年，朝廷对货币进行改革，重新设计了一种货币叫五铢钱，这种钱币占领了中国的货币市场整整七百多年，直到唐朝时期，才被另一种新型货币代替了，就是非常有名的“开元通宝”。

开元通宝真正使用的时间是从唐高祖的武德四年开始的，也就是公元 621 年，之后一直稳居大唐货币市场第一位。安史之乱之后，朝

大名鼎鼎的开元通宝

乾元重宝

廷还发行过一种叫“乾元重宝”的货币，不过昙花一现，丝毫没有改开元通宝在整个大唐金融货币界的地位。所以，在唐朝逛街，口袋里装些开元通宝还是很有必要的。你说什么？带银子不是更好吗？唐朝虽然金银的确很值钱，但却不是流通货币，就好像咱们现在不能拿着一块银子去超市买大米是一样的。

如果金银不能用，那这大唐的货币类型也未免太单一了，假如要买个房子置块地的，得背多少篓铜钱才够用呢？

所以你如果想要做个合格的大唐人，还得学会使用并生产唐朝的另一种货币，那就是绢帛。

在唐朝，用绢帛来作为货币使用，是受法律保护的。公元732年，也就是开元二十年，有一条法律规定说：“绫、罗、绢、布、杂货等，交易皆合通用；如闻市肆必须见钱（现钱的意思），深非道理。自今以后，与钱货兼用，违者罪之。”这话什么意思呢？就是说，像绫、罗、绢、布这些全都可以和钱一块儿来使用，如果听说有哪个商家说他只要现钱不要绢帛的，那是要吃官司的。

为了维护绢帛在钱币界的地位，到了公元734年，又有一条新的法律说：“货物兼通，将以利用。而布帛为本，钱刀是末，贱本贵末，为弊则深，法教之间，宜有变革。自今以后，所有住宅、口马交易，并先用绢、布、绫、罗、丝、绵等，其市价一千以上，亦令钱物兼用，违者科罪。”这条法律在确定了绢帛合法性的同时，也规定了绢帛的使用范围，主要是用在大宗买卖上的，并且可以和货币同时使用。尤其指出，绢帛的价值是在铜钱之上的。

我觉得这是非常容易理解的。买房子置地，如果要拿麻钱支付的话，那用的钱币估计要堆成座小山了，而质地很好的绢丝就不会占用那么大的地方。但如果说你只想买个胡饼，那麻钱就足以应付得了啦。若非要改用绢帛来支付，那么请问你准备给人家老板撕多大一条绢呢？一寸？十公分？你是让他拿回去当墩布条儿来用吗？

何况绢帛被你撕成了那么细小的条儿，基本就是废布一块儿了，估计一个铜钱都不值。因为唐朝绢帛的使用那也是有规定的，如果长度和宽度不能达到标准，那就是一块没有用的碎布头。但如果是整匹上好的绢帛，尺寸又合规矩，一定能值大价钱。所以在唐朝，娶个心灵手巧会织布的老婆可不得了，那就等于是你们家开了一间印钞厂啊。

唐朝人的超级大市场——大唐西市

大唐西市位于群贤坊和延寿坊之间的位置，紧挨着长安城最西面的金光门。

说起大唐西市的历史，早在隋朝的时候就有了，直到唐朝，大唐西市存在了三百多年。从咱们目前的商业竞争环境来看，哪一家商业集团再想要超过它这个年头儿，估计可能性不会太大了。

从外观上来看，大唐西市好像一座方方正正的小城似的，南北长1031米，东西宽927米，是一座占地面积将近一平方千米的超级大市场。四面有高高的围墙，每面墙上各有两道大门。这八道大门两两呼应，连通成市场内的东西南北四条大街，街宽16米，纵横交错，形成了一个大大的“井”字，整整齐齐地把市场划分成了一个九宫格，在这个九宫格里，排列着大大小小四万多家商铺。

每天正午时分，当太阳刚刚到达头顶的时候，随着开市的鼓声响起来，这八道大门同时打开，西市开市了。

据说大唐西市里做生意的有二百多个行业，卖粮食的，有米麦行；卖布的有布帛行；卖木材的木材行……这些凡是叫作“行”的都是一些大的商铺，还有小店面的叫肆，如酒肆，卖酒的；口马肆，是卖牲口跟奴婢的；凶肆，是卖丧葬用品的；饼肆，自然是卖饼的，什么胡饼、汤饼之类的，这里全能买得到；还有些店铺，像金店，这是做黄金交易的地方，如果你的手上有黄金，可以在这里兑换成现钱；铁铺，是打铁的地方；饭铺，是卖饭的地方。以及什么药铺、陶器铺、铁器铺等，总之行肆栉比，店铺林立，卖什么的都有，买什么的也都有。

南大街张家楼，是整条街上最好的餐饮店，常接婚宴，多的时候，能摆三五百人的宴席；市场的正中心有间大衣行，来这儿的都是有钱的女人。用我们现在流行的话说，这里卖的都是名牌奢侈品，引领着大唐女性服装的时尚最前沿。在这些店铺里面，最有特色的要算是波斯邸了。

波斯邸是胡人开在大唐西市的店铺，这些胡人在当时有个名字叫作“西市胡”，他们沿着丝绸之路自西而来，经金光门进入长安城，就直接来到了西市交易。这些西市胡大部分来自回鹘、龟兹、大食以及波斯这些地方。到了长安以后，有的就住在西市里，有的住在西市附近的坊上。他们在西市的经营范围非常广，啥生意都做，不过最多的还是珠宝和邸店，但他们做得最好的是酒肆。胡姬的酒肆，就是这些西市胡在大唐餐饮业里的金字招牌。

除了这些来自西域的胡商以外，大唐西市每天还往来着五湖四海的客商，他们东西南北无所不至，各类货色啥都经营，在西市里赚了不少的钱。听我说得这么热闹，你是不是突然萌生了想要在大唐西市里面做买卖的想法？我就知道，只是……没有资金怎么办？

听，马上插播一段广告——找资金，上质库啊。

质库，说白了就是典当行。说得再通俗一些，就是办理抵押贷款的地方。别看唐朝早咱们一千多年，金融市场可是一点也不落后，这种信贷业务他们早就兴起了。只要有可以抵押的货物，你就能从质库拿到钱。那万一没有货物抵押怎么办呢？那就只能选择“公廨本钱”了。不过，有一点我可要事先说明白，这“公廨本钱”的利息相当高，通常的月利率都能达到百分之五到八，也就是说，你借一百块钱，到年底至少连本带息得还一百六。所以，这种贷款，还有个名字，就是“高利贷”。

什么？你说找贷款还是银行比较安全一些？那么能在大唐西市里找家银行办贷款吗？

大唐西市里的确有类似银行这样的机构，叫柜坊。不过我查了一下他们业务范围，还真没有信贷这一项。西市里的银行（柜坊）只办理存取业务。那些远道而来的客商，身上难免要带大量的财物，万一住店遇到个小偷小摸的怎么办呢？他们可以放心地把这些财物存在柜坊里，但别想让柜坊的老板付给你利息，相反，你的东西要存放在他那里，你还得给他付保管费呢。

不过，你好像并不需要在柜坊里存放财物吧，因为在你身上除了

骑驼胡人小憩俑（唐代）。西安博物院展出。

几个铜钱以外，估计啥也没有。如果真的想要在西市里做生意，那你只能寄希望于白手起家。可就这，你的雄心好像还挺大，还没咋呢，就先担心起万一你在唐朝赚个盆满钵满的，那么多的钱你可要怎么运回二十一世纪呢，这里又没有银行转帐啥的。

这你可就多虑了，唐朝的金融业远比你想象的要发达得多。客商真在西市赚足了钱，大可不必大包小包地拿车拉了往回运，你只需要把你赚的钱放在你们当地驻长安办事处，让他们给你开个字据，再回到你们老家相对应的机构直接提现就好啦，这个字据叫作“飞钱”。你看，这不就是现代人的转账支票吗？可问题是，在唐朝的长安城里，你能找到二十一世纪派来的办事处吗？就算真的找着了，他们给你打的飞钱，你回去以后，又该在哪儿提现呢？

看起来，纵然在西市真的赚了钱，也带不回去，算了算了，来一趟不容易，还是认真地吃喝玩乐吧。

没有电影的日子里，看出戏

不知道你有没有逛过今天的大唐西市，当然今天的大唐西市，是在唐朝西市的基础上重建的，没有了高高的围墙，但“井”字型的街道依然纵横交错。偶尔也能遇到穿着外域服装的“胡姬”，不过那都是西安妹子假扮的。

如今，在当年西市留下的街道遗址上还能清楚地看到车辙印，一道一道的，好像还能看到当年那车水马龙的热闹场面似的。

西市距离我住的地方很近，步行也就十分钟的路程。有的时候，周末我会同我家先生去西市广场上看那些穿着异域服装的美女们跳“胡旋舞”，或者在中影国际影城里看电影。有一天，当我们看完电影走过西市风情街的时候，我突然有一种时空错位的感觉，觉得我们两个真像是一千多年前刚在西市的戏院里看了一出戏的一对小夫妻。

当然，大唐人民是没有电影可看的，但是他们却看戏。假如我真的能带你们回到唐朝，咱们除了在西市上看热闹以外，一定还要带你们去看戏。

唐朝人看戏，首选的场所是寺院。因为当时的寺院里流行一种说唱艺术叫“俗讲”，这其实是一种由僧人们作为演员的脱口秀。他们把佛经里的故事结合老百姓的生活，编成一种通俗易懂的变文，上至达官贵人，下至普通百姓，对于这种变文的喜爱程度不亚于今天的人最喜欢听的相声。

不过比起这种变文来，大唐人民似乎更爱看“百戏”。

百戏是一种流传于民间的艺术形式，它和用于宗庙祭祀和朝会大典上的正统音乐不同，这种流传于民间的艺术更通俗。早在秦汉时期就已经存在了，只是到了唐代，这种艺术有了更长足的发展。尤其是到了唐玄宗时期，这位皇帝不仅会当皇帝，他还是个艺术天才，除了处理国家大事以外，唐玄宗还会一边谈着恋爱，一边搞艺术培训。梨园就是他办的最大的艺术培训学校，当时的很多艺术家都在他的这所学校里进修，最出名的大概莫过于沈妍与李龟年。

唐玄宗一直都非常关注戏剧艺术，关注到什么程度呢？据说有一年，长安城里演百戏，这位皇帝一听来了劲，爬到了城楼上就去观戏，这戏整整唱了一个多月，他看戏的热情还没有减退，搞得文武百官都觉得这太不像话了。

那么，那个时候的百戏都唱些什么呢?

据说有一出“钵头戏”，讲的是一个人的父亲上山被老虎吃掉了，他非常伤心，就去找老虎寻仇，经过一番格斗，终于把老虎杀死了。这是带人物、剧情的表演，还配合有音乐与舞台动作，已经非常接近现代的戏曲艺术了。

还有一种“参军戏”。这戏最初是讲南北朝时期，有个参军犯了贪污罪，皇帝就让一个唱戏的演员穿上他的衣服，扮演成参军的样子受其他人的嘲弄，有点嘲弄那位参军的意思，所以带着些喜剧的色彩。后来慢慢地流传开以后，就形成了参军戏。

还有一些戏，虽然没有人物剧情，但却同样吸引人，比方说绳技，有点像走钢丝。这是今天杂技里的绝活，但唐朝就已经有人在耍了。

说着说着，耍猴的也来了。这是唐朝杂技表演中的“弄猢狲”。当时长安城里，靠养猢狲表演杂技的人很多。据说，有人就是靠着给皇帝表演耍猴子把皇帝哄高兴了，就赏了个五品官给他，这让天下一时有很多人都盼着能凭猴子飞黄腾达。“何如买取猢狲弄，一笑君王便着绯”，说的就是这件事儿。

除了杂技，魔术也已经进入大唐人民的娱乐节目了，像什么口中吐物、自断手足，看得人惊心动魄的；还有玩得更离奇的，有个出家人，吹口气就能变成尊佛像；还有人朝墙上喷口水，那墙上顿生彩画；更神奇的是，有人能把活生生的车马人物装进一只小小的瓶子里；还有人能在一只空空的盒子里瞬间变出满满的桔子来。这些魔术表演一点儿也不比刘谦玩得差，瞧把你看得目瞪口呆的，早都忘了自己是在哪朝哪代了吧。

但是戏再好看，也得有个时候，别忘了你这是在唐朝，唐朝是有宵禁制度的。眼看着太阳就要偏西了，再不赶紧回家，坊上的大门一关，你连露宿街头都不行。

所以到了这会儿，就是再舍不得，也要和大家说再见了。

参考文献

于赓哲．隋唐人的日常生活．西安：陕西人民教育出版社，2017

徐连达．隋唐文化史．合肥：安徽文艺出版社，2017

黄正建．走进日常：唐代社会生活考论．上海：中西书局，2016

牛志平．唐代婚丧．西安：三秦出版社，2011

纳春英．唐代服饰时尚．北京：中国社会科学出版社，2009

侯悦．活在大唐．成都：四川人民出版社，2019

赵曙，陈瑶．唐代疾病防控和公共卫生若干问题探析．贵州：贵阳中医学院，2010